मिस टीन वाला

मण्टो अब तक-7

मिस टीन वाला

सआदत हसन मण्टो

सम्पादक
मुशर्रफ़ आलम ज़ौक़ी

वाणी प्रकाशन

वाणी प्रकाशन

4695, 21-ए, दरियागंज, नयी दिल्ली 110 002

फ़ोन : +91 11 23273167 फ़ैक्स : +91 11 23275710

शाखाएँ

अशोक राजपथ, पटना 800 004, बिहार

कॉफ़ी हाउस कैम्पस, महात्मा गांधी मार्ग, इलाहाबाद 211 001, उत्तर प्रदेश

महात्मा गांधी अन्तरराष्ट्रीय हिन्दी विश्वविद्यालय, वर्धा 442 001, महाराष्ट्र

www.vaniprakashan.in
marketing@vaniprakashan.in
sales@vaniprakashan.in

MIS TEEN WALA
by Saadat Hasan Manto
Edited by Musharraf Aalam Zauqi

ISBN : 978-93-5000-148-6
Collection of Short Stories

संस्करण 2009
आवृत्ति 2018

मूल्य : ₹ 250

एम.एस. प्रिंटर्स, दिल्ली-110 095 में मुद्रित

वाणी प्रकाशन का लोगो मक़बूल फ़िदा हुसेन की कूची से

प्यारे मित्र
आचार्य सारथी रूमी
के लिए

संपादकीय

इस किताब का पहला एडीशन बम्बई में छपा था। बंटवारे के बाद इसका पूरा मुसव्वदा क़ुतुब पब्लिशर्ज़ लिमिटेड के हवाले कर के मैं पाकिस्तान चला आया था। यहां से मैंने अली सरदार जाफ़री को, जो उन दिनों "क़ुतुब" वाले के यहां मुलाज़िम थे, लिखा कि किताब जल्द छापने का केवल एक ही तरीक़ा है कि इसका 'दीबाचा' आप ख़ुद ही लिख लें। आप जो कुछ लिखेंगे मुझे मंज़ूर होगा। आपने जवाब में लिखा :

'मैं बड़ी ख़ुशी से तुम्हारी किताब पर भूमिका लिखूंगा। हालांकि किताब के लिए भूमिका की और ख़ुसूसियत से मेरे दीबाचे की ज़रूरत नहीं है। तुम जानते हो कि मेरे और तुम्हारे अदबी नज़रिये में बहुत इख़्तिलाफ़ है। लेकिन इसके बावजूद मैं तुम्हारी क़द्र करता हूं और तुमसे बहुत सी आशाओं की कामना करता हूं।'

मैंने ये ख़त लिखने पर जाफरी से कहा : "तो ठीक है, किताब बिना दीबाचे ही के चलने दीजिए"। लेकिन इस दौरान उनका मुझे दूसरा ख़त मिला। जिस से मालूम हुआ कि उन्होंने मुख़्तसर दीबाचा लिख कर किताब में शामिल भी कर लिया है। ये दीबाचा जैसा भी है "चुग़द" के पहले एडीशन में मौजूद है। इस एडीशन में उसको मैंने हज़फ़ (हटा) कर दिया है। इसलिए नहीं कि ख़ुदानख़्वास्ता मुझे जाफ़री साहब से कोई ज़ाती अनाद पैदा हो गया है या मैं उनसे नफ़रत करने लगा हूं। वास्तव में पिछले दिनों बम्बई के तथाकथित तरक़्क़ी पसंदों ने मेरी रचना के बारे में जो बेमानी शोर बरपा किया और मुझे यक क़लम "अदब बाहर" किया, इसके पेशेनज़र मैं मुनासिब नहीं समझता कि इस मैदान का एक बहुत ही सरगर्म कारकुन मेरी "रजअत पसंदी" का

दुमछल बना रहे।

इस किताब की एक कहानी "बाबू गोपीनाथ" जब "अदबे लतीफ़" में छपी तो मैं मुम्बई में रहता था। तमाम तरक़्क़ी पसंद लेखकों ने इसकी बहुत प्रशंसा की। इसको इस साल का शाहकार अफ़साना क़रार दिया। अली सरदार जाफ़री, इस्मत चुग़ताई और कृष्ण चन्दर ने विशेष रूप से इसे बहुत सराहा। "हिल के साये" में कृष्ण ने इसको ख़ास जगह दी। मगर अचानक खुदा मालूम कैसा दौरा पड़ा कि सब तरक़्क़ी पसंद इस अफ़साने की अज़्मत से अलग हो गए। शुरू-शुरू में दबी ज़बान में इस पर आलोचना शुरू हुई। सरगोशियों में उसको बुरा भला कहा गया। मगर अब भारत और पाकिस्तान के तमाम तरक़्क़ी पसंद मुमटियों पर चढ़ कर इस अफ़साने को रजअत पसंद, अख़लाक़ से गिरा हुआ, घिनावना और शर अंगेज़ क़रार दे रहे हैं।

यही सुलूक मेरे अफ़्साने "मेरा नाम राधा है" के साथ किया गया। हालांकि जब छपा था तो सभी तरक़्क़ी पसंदों ने उछल-उछल कर उसकी प्रशंसा की थी। अली सरदार ने "चुग़द" पर जब दीबाचा लिखा तो मुझे ख़त लिखा :

"दीबाचे के मुताल्लिक़ तुम्हारी राय मालूम करना चाहता हूं। मैंने बहुत खुलूस और मुहब्बत से लिखा है। मैं तुम्हारी अफ़्सानानिगारी पर एक लम्बा लेख लिखने का इरादा कर रहा हूं। तुम्हें अब तक दक़्यानूसी क़िस्म के लोगों ने सिर्फ गालियां ही दी हैं। उनसे और किसी चीज़ की तवक़्क़ो बेकार थी।"

ये सतरें पढ़ के क्या जी नहीं चाहता कि इनके सब अल्फ़ाज़ "तरक़्क़ी पसंदों" के मुंह पर दे मारे जाएं और रजअत पंसदी को मुस्कुराने का मौक़ा दिया जाये। इसी ख़त में अली सरदार लिखते हैं :

"तुम्हारी कहानी "खोल दो" को मैं इस दौर का शाहकार समझता हूं।"

तरक़्क़ीपसंदों के साथ या उस कहानी के साथ ये ट्रेजडी हुई कि ये माहनामा "नुक़ूश" लाहौर में छपी। जो पाकिस्तानी "तरक़्क़ीपसंदों" के गुरू जनाब अहमद नदीम क़ासमी, जबानी "ज़िन्दगी आमोज़ व ज़िन्दगी आमेज़ अदब" की जेरे-इदारत छपता था। वर्ना ये भी "अदब बाहर" कर दी जाती। और मैं "तरक़्क़ी पसंदों" का सुर्ख मुंह देखता रह जाता।

मेरी किताब "स्याह हाशिये" तरक़्क़ी पसंदों ने सिर्फ इसलिए नापसंद की कि इस पर दीबाचा हसन अस्करी का था जिनका नाम वो "स्याह फेहरिस्तों" में दर्ज कर चुके थे। चुनांचे अलीसरदार ने हस्बे-मामूल बड़े खुलूस और मुहब्बत के साथ मुझे लिखा :

'यहां लाहौर से मेरे पास एक ख़बर आई है कि तुम्हारी किसी नई किताब पर हसन अस्करी मुक़दमा लिख रहे हैं। समझ में नहीं आ सका तुम्हारा और हसन अस्करी का क्यों साथ है। मैं हसन अस्करी को बिल्कुल नहीं समझता। प्रगतिशील लेखकों की सरगर्मियों का सिलसिला और इतज़ाम क़ाबिले-दाद है। यहां की ख़बरें "खेतवाड़ी" के "क्रिमलन" में बड़े आराम से यों चुटकियों में पहुंच जाती है। अली सरदार को यहां से जो ख़बर मिली, बड़ी अच्छी थी। चुनांचे नतीजा ये हुआ कि "स्याह हाशिये" प्रेस की स्याही लगने से पहले ही "रूस्याह" करके विरोधी खेमे की टोकरी में फेंक दी गई। हैरत है, जिस वक़्त अली सरदार ने "चुग़द" पर दीबाचा लिखने के लिए उठाया तो उन्होंने ये न सोचा कि मंटो और मेरा क्या जोड़ है। जोकि उनके कहने के मुताबिक़ हमारे अदबी नज़रियों में बहुत विरोधा भास है। मगर मेरे प्रगतिशील लेखक दोस्त सोचा नहीं करते। उनके लिये शायद यह एक 'नकारात्मक कार्य' है।'

न सोचने की एक दिलचस्प मिसाल पेश करता हूं। "नया इदारा" का "सवेरा" जिसके मालिक नज़ीर अहमद चौधरी हैं, अदब की तरक़्क़ी पसंद तहरीक का प्रतिनिधित्व करते हैं। इसमें एक तरफ़ मेरा नाम "स्याह फेहरिस्तों" में शामिल करके मुझे जनवाद का विरोधी, मक्कार, मौक़ापरस्त और पता नहीं क्या-क्या बना दिया। और दूसरी तरफ़ "नया इदारा" मेरी एक रचना का इश्तहार इन शब्दों में देता है।

"सआदत हसन मंटो सच्चाई का झंडा बुलंद करता है। उसके हाथ में सच्चाई की दोधारी तलवार है जिसे वो हुकूमत और समाज के घने जंगल में इन्तिहाई बेरहमी से घुमाता है और बनावट के पर्दों को फाड़ता चला जाता है। उसे गालियां मिलती हैं और वो मुस्कुरा देता है। वो दुआओं और तलवारों की पर्वा किए बिना एक ऐसी राह पर आगे की ओर बढ़ रहा है, जिस पर सिर्फ वही चल सकता है।"

मैंने जब यह इश्तेहार "सवेरा" में पढ़ा था तो मैं मुस्कुराने के बजाये ख़ूब हंसा था। इश्तिहार की "इसके पढ़ने से बहुतों का भला होगा" वाली ज़बान छोड़िये और सोचिए कि ये "तरक़्क़ी पसंद" और उनके तरक़्क़ी पसंद प्रकाशक ज़मीर की परवाह किए बिना क्या एक ऐसी राह पर नहीं चल रहे, जिस पर सिर्फ वही चल सकते हैं।

पिछले दिनों भोपाल कांफ्रेंस में इस्मत चुग़ताई ने भरे मजमा में "मर्दानावार" अपने इन तमाम अफ़सानों पर लानत भेज कर उनसे "क़लम खुलासी" करा ली थी जो तरक़्क़ी पसंदी के धर्म-कांटे में पूरे नहीं उतरते थे।

ये तरक़्क़ी पसंद प्रकाशक क्यों इस्मत की सी जैसी दयानतदारी से काम नहीं लेते। उन्हें चाहिए कि ''स्याह फेहरिस्त जैसी तमाम किताबों में आग लगा दें। अगर वो ऐसा करें तो मैं उनके हाथ चूम लूं।

आख़िर में मुझे ये कहना है कि ''तरक़्क़ी पसंदी'' से मुझे कोई शिकायत नहीं। लेकिन तथाकथित तरक़्क़ीपसंदों की उल्टी-सीधी बातें बहुत खलती हैं।

–सआदत हसन मंटो

प्रिय पाठक,

उर्दू में इस कहानी-संग्रह का सम्पादन स्वयं 'मंटो' ने किया था। इस संग्रह की कहानियां एवं संपादन को मूल रूप में रखने का प्रयास किया गया है ताकि पाठक 'मंटो' की रचना शैली मूल रूप में पढ़-समझ सकें।

इस संग्रह का अनुवाद नबी अहमद ने किया है।

–मुशर्रफ़ आलम ज़ौक़ी

अनुक्रम

मिस टीन वाला

पांच दिन

जम्मू-तवी के रास्ते कश्मीर जाइये तो रास्ते में एक छोटा-सा गांव बटूत आता है। बड़ी पुरफ़िज़ा जगह है। यहां टी.बी. के मरीज़ों के लिए एक छोटा-सा सीनेटोरियम है। यों तो आज से आठ नौ बरस पहले बटूत में पूरे तीन महीने गुज़ार चुका हूं और इस ख़ूबसूरत जगह से मेरी जवानी का एक कच्चा रोमांस भी जुड़ा है। मगर इस कहानी से मेरी किसी भी कमज़ोरी का ताल्लुक़ नहीं।

छः-सात महीने हुए मुझे बटूत में अपने एक दोस्त की बीवी को देखने के लिए जाना पड़ा जो वहां सेनीटोरियम में ज़िन्दगी की आख़री सांस ले रही थी। मेरे वहां पहुंचते ही एक मरीज़ चल बसा और बेचारी पदमा की सांस जो पहले से उखड़ी हुई थी, और भी यक़ीनी हो गये। मैं नहीं कह सकता, कारण क्या था। लेकिन मेरा ख़्याल है कि केवल इत्तेफ़ाक़ था कि चार रोज़ के अन्दर-अन्दर इस छोटे से सेनीटोरियम में तीन मरीज़ ऊपर-तले मर गए। ज्योंही कोई बिस्तर ख़ाली होता या तीमार दारी करते-करते थके हुए इंसानों की थकी हुई चीख़-पुकार सुनाई देती, सारे सेनीटोरियम पर एक अजीब क़िस्म की उदासी छा जाती और वो मरीज जो उम्मीद के पतले धागे के साथ चिमटे होते थे, दुख की अथाह गहराइयों में डूब जाते।

मेरे दोस्त की बीवी पदमा तो बिल्कुल दम-बख़ुद हो जाती। उसके पतले होंठों पर मौत की ज़र्दियां कांपने लगतीं और उसकी गहरी आंखों में एक निहायत ही रहमअंगेज़ सवाल पैदा हो जाता। सब से आगे एक ख़ौफ़ज़दा क्यों? और उसके पीछे बहुत से डरपोक "नहीं।"

तीसरे मरीज़ की मौत के बाद मैं बाहर बरामदे में बैठ कर ज़िन्दगी और मौत के मुताल्लिक़ सोचने लगा...सेनीटोरियम एक मर्तबान सा लगता है जिसमें

ये मरीज़ प्याज़ की तरह सिर्का में डले हुए हैं। एक कांटा आता है और जो प्याज़ अच्छी तरह गल गई है, उसे ढूंढता है और निकाल कर ले जाता है। ये कितनी मज़हकाखेज़ बात थी। लेकिन जाने क्यों बार-बार यही मेरी ज़ेहन में आई। मैं उससे ज़्यादा और कुछ न सोच सका कि मौत एक बहुत ही भोंडी चीज़ है...यानी आप अच्छे भले जी रहे हैं, एक मर्ज़ कहीं से आ चिमटता है और मर जाते हैं, कहानी के दृष्टिकोण से भी ज़िन्दगी की कहानी का ये अंजाम कुछ चुस्त मालूम नहीं होता।

बरामदे से उठकर अन्दर दाखिल हुआ। दस-पन्द्रह क़दम उठाये होंगे कि पीछे से आवाज़ आई :

"दफ़ना आए आप नम्बर बाइस को!"

मैंने मुड़ कर देखा। सफ़ेद बिस्तर पर दो 'कानी' आंखें मुस्कुरा रही थीं।

ये आंखें जैसा कि मुझे बाद में मालूम हुआ। एक बंगाली औरत की थी जो दूसरे मरीज़ों से बिल्कुल अलग तरीक़े पर अपनी मौत का इन्तेज़ार कर रही थी।

उसने जब ये कहा "दफ़ना आए नम्बर बाईस को?" तो मुझे ऐसा महसूस हुआ कि हम इंसान को नहीं बल्कि एक गिनती को दफ़ना कर आ रहे हैं और सच पूछिए तो उस मरीज़ को क़ब्र के सुपुर्द करते हुए मेरे दिलो-दिमाग़ के किसी कोने में भी ये एहसास पैदा नहीं हुआ था कि वो एक इंसान था, और उसकी मौत से दुनिया में एक कमी पैदा हो गई है।

मैं जब और गुफ्तुगू करने के लिए उस बंगाली औरत के पास बैठा जिसकी स्याहफ़ाम आंखें ऐसी हेलनाक बीमारी के बावजूद तरो-ताज़ा और चमकीली थीं तो उसने ठीक उसी तरह मुस्कुरा कर कहा "मेरा नम्बर चार है।" फिर उसने अपनी सफेद चादर की सिल्वटें अपने हड्डी नुमा हाथ से ठीक की और बड़े बेतकल्लुफ़ अंदाज़ में कहा : "आप मुर्दों को जलाने दफनाने में काफी दिलचस्पी लेते हैं।"

मैंने जवाब दिया : "नहीं तो...इसके बाद ये मुख़्तसर गुफ़्तुगू ख़त्म हो गई और मैं अपने दोस्त के पास चला गया।

दूसरे दिन मैं नियमानुसार सैर को निकला। हल्की-हल्की फुआर गिर रही थी, जिससे फिज़ा बहुत ही प्यारी और मासूम हो गई थी। यानी जैसे इन मरीज़ों से कोई सरोकार ही नहीं जो इसमें जरासीम भरे सांस ले रहे थे चीड़ के लांबे-लांबे पेड़। नीली-नीली धुंध में लिपटी हुई पहाड़ियां। सड़क पर लुढ़कते हुए पत्थर...पस्त क़द मगर सेहतमंद भैंस...हर तरफ़ ख़ूबसूरती थी ...एक

पुरएतमाद खूबसूरती जिसे किसी चोर का खटका नहीं था।

मैं सैर से लौट कर सेनीटोरियम में दाख़िल हुआ तो मरीज़ों के उतरे हुए चेहरों ही से मुझे मालूम हो गया कि एक और अदद चल बसा है...ग्यारह नम्बर, यानी पदमा।

उसकी धंसी हुई आंखों में, जो खुली रह गई थी मैंने बहुत से ख़ौफ़ज़दा ''क्यों'' और उनके पीछे बेशुमार डरपोक ''नहीं'' मुंजमिद पाए...बेचारी।

पानी बरस रहा था, इसलिए खुश्क ईंधन जमा करने में बड़ी दिक़्क़त का सामना करना पड़ा।

बहरहाल, उस ग़रीब की लाश को आग के सपुर्द कर दिया गया। मेरा दोस्त वहीं चिता के पास बैठा रहा और मैं उसका सामान ठीक करने के लिए सीनेटोरियम आ गया...अन्दर दाख़िल होते हुए मुझे फिर उस बंगाली औरत की आवाज़ आई :

''बहुत देर लग गई आपको!''

''जी हां बारिश की वजह से खुश्क ईंधन नहीं मिल रहा था इसलिए देर हो गई।''

''और जगहों पर तो ईंधन की दुकानें होती हैं, पर मैंने सुना है यहां इधर-उधर से खुद ही लकड़ी काटनी और चुननी पड़ती है।''

''जी हां।''

''ज़रा बैठ जाइये।''

मैं उसके पास स्टूल पर बैठ गया तो उसने एक अजीब सा सवाल किया : तलाश करते-करते जब आपको खुश्क लकड़ी का टुकड़ा मिल जाता होगा तो आप बहुत खुश होते होंगे?''

उसने मेरे जवाब का इंतज़ार न किया और अपनी चमकीली आंखों से मुझे बग़ौर देखते हुए कहा : ''मौत के मुताल्लिक़ आपका क्या ख़्याल है?''

''मैंने कई बार सोचा है लेकिन समझ नहीं सका।''

वो दानाओं की तरह मुस्कुराई और बच्चों के से अंदाज़ में कहने लगी : ''मैं कुछ-कुछ समझ सकी हूं...इसलिए कि बहुत मौतें देख चुकी हूं...इतनी कि आप शायद हज़ार बरस भी ज़िन्दा रह कर न देख सकें...मैं बंगाल की रहने वाली हूं जहां का क़हत आजकल बहुत मशहूर है...आपको तो पता ही होगा। लाखों आदमी वहां मर चुके हैं...बहुत सी कहानियां छप चुकी हैं। सैंकड़ों मज़मून लिखे जा चुके हैं। फिर भी सुना है कि इंसान की इस बिपता का अच्छी तरह नक़्शा नहीं खींचा जा सका...मौत की इस मण्डी

में मौत के मुताल्लिक़ मैंने सोचा।''

मैंने पूछा–''क्या?''

उसने इसी अंदाज़ से जवाब दिया : ''मैंने सोचा कि एक आदमी का मरना मौत है...एक लाख आमियों का मरना तमाशा है...सच कहती हूं मौत का वो ख़ौफ़ जो कभी मेरे दिल पर हुआ करता था, बिल्कुल दूर हो गया...हर बाज़ार में दस-बीस अर्थियां और जनाज़े नज़र आएं तो क्या मौत का असली मतलब फ़ौत नहीं हो जायेगा...मैं सिर्फ इतना समझ सकी हूं कि ऐसी बेतहाशा मौतों पर रोना बेकार है...बवक़ूफ़ी है...पहले तो इतने आदमियों का मरना ही सबसे बड़ी हिमाक़त है।''

मैंने फ़ौरन ही पूछा : ''किस की?''

''किसी की भी हो...हिमाक़त, हिमाक़त है...एक मरे शहर पर आप ऊपर से बम गिरा दीजिये...लोग मर जायेंगे...कुंओं में ज़हर डाल दीजिये...जो भी इनका पानी पियेगा मर जायेगा...ये काल, क़हत, जंग और बीमारियां सब वाहियात हैं...इनसे मर जाना बिल्कुल ऐसा ही है जैसे ऊपर से छत आ गिरे। लेकिन दिल की एक जाइज़ ख़्वाहिश की मौत बहुत बड़ी मौत है...इंसान को मारना कुछ नहीं, लेकिन उसकी फितरत को हलाक करना बहुत बड़ा ज़ुल्म है।''

यह कर वो कुछ देर के लिए चुप हो गई। लेकिन करवट बदल कर कहने लगी : ''मेरे विचार पहले ऐसे नहीं थे। सच पूछिये तो मुझे सोचने का समय ही नहीं था। लेकिन इस क़हत ने मुझे एक बिल्कुल नई दुनिया में फेंक दिया। रुक कर एक दम वो मेरी तरफ मुतवज्जो हुई। मैं अपनी कॉपी में याददाशत के तौर पर उसकी चंद बातें नोट कर रहा था।

''यह आप क्या लिख रहे हैं?''

मैंने साफ़गोई से काम लिया और कहा : ''मैं अफ़्साना निगार हूं...जो बातें मुझे दिलचस्प मालूम हों, नोट कर लिया करता हूं।''

''ओह! तो फिर मैं आपको अपनी पूरी कहानी सुनाऊंगी।''

तीन घंटे तक कमज़ोर आवाज़ में वो मुझे अपनी कहानी सुनाती रही। मैं अब अपने शब्दों में इसे बयान करता हूं। विवरणों में जाने की ज़रूरत नहीं, बंगाल में जब क़हत फैला और लोग धड़ाधड़ मरने लगे तो सकीना को उसके चचा ने एक बदमाश के पास पांच सौ रुपये में बेच दिया जो उसे लाहौर ले आया। और एक होटल में ठहरा कर उससे रुपये कमाने की कोशिश करने लगा। पहला आदमी जो उसके पास इस ग़र्ज़ से लाया गया एक ख़ूबसूरत और तंदरूस्त नौजवान था। क़हत से पहले जब रोटी कपड़े की फिक्र नहीं थी, वो

ऐसे ही नौजवान के ख़्वाब देखा करती थी जो उसका पति बने। मगर यहां उसका सौदा किया जा रहा था। जिसकी कल्पना ही से वो कांप-कांप उठती थी। जब वो कलकत्ता से लाहौर लाई गई तो उसे मालूम था कि उसके साथ क्या सुलूक होने वाला है। वो बाशऊर लड़की थी। अच्छी तरह जानती थी कि चंद ही रोज़ में उसे एक सिक्का बनाकर जगह-जगह भुनाया जायेगा। उसको ये सब कुछ मालूम था लेकिन उस क़ैदी की तरह जो रहम की उम्मीद न होने पर भी आस लगाए रहता है। वो किसी नामुम्किन हादसे के इंतज़ार में थी...ये हादसा तो न हुआ। लेकिन ख़ुद उसमें इतनी हिम्मत पैदा हो गई कि वो रात को कुछ अपनी होशियारी से और कुछ इस नौजवान की ख़ामकारी की बदौलत होटल से भाग निकलने में कामियाब हो गई।

अब लाहौर की सड़कें थीं और उनके नए ख़तरे। क़दम-क़दम पर ऐसा लगता था कि लोगों की नज़रें उसे खा जायेंगी। लोग उसे कम देखते थे। लेकिन उसकी जवानी को जो छुपने वाली चीज़ नहीं थी, कुछ इतना ज़्यादा घूरते थे, जैसे बरमे से उसके अन्दर सुराख कर रहे हों। सोने चांदी का कोई ज़ेवर या मोती होता तो वो शायद लोगों की नज़रों से बचा लेती। मगर वो एक ऐसी चीज़ की हिफ़ाज़त कर रही थी, जिस पर कोई भी आसानी के साथ-हाथ मार सकता था।

तीन दिन और तीन रातें वो कभी इधर कभी उधर भटकती रही। भूख के मारे उसका बुरा हाल था। मगर उसने किसी के आगे हाथ न फैलाया। क्योंकि उसे डर था कि उसका ये फैला हुआ हाथ उसकी इज़्ज़त सहित किसी अंधेरी कोठरी में खिंच लिया जायेगा...दुकानों में सजी हुई मिठाइयां देखती थी। भटियार ख़ानों में लोग बड़े-बड़े निवाले उठाते थे। उसके हर तरफ खाने-पीने की चीज़ों का बड़ी बेदर्दी से इस्तेमाल होता था। लेकिन जैसे दुनिया में उसके जैसा कोई दाना ही नहीं रहा था।

उसे ज़िन्दगी में पहली बार खाने की अहमियत मालूम हुई। पहले उसको खाना मिलता था, अब वो खाने से मिलना चाहती थी। चार रोज़ के फ़ाक़ों ने उसे अपने ही नज़रों में एक बहुत बड़ी शहीद तो बना दिया लेकिन उसके जिस्म की सारी बुनियादें हिल गईं। वो जो रूहानी तस्कीन होती है एक वक़्त आ गया कि वो भी सिकुड़ने लगीं।

चौथे दिन शाम को वह एक गली में से गुज़र रही थी। जाने क्या दिल में आया कि वह एक मकान के अन्दर घुस गई। अन्दर चल कर ख़्याल आया कि नहीं, कोई पकड़ लेगा...और तमाम किए कराये पर पानी फिर जायेगा। अब उसमें

इतनी ताक़त भी तो नहीं। लेकिन सोचते-सोचते वो सेहन के पास पहुंच चुकी थी...मलगजे अंधेरे में उसने घड़ोंचियों पर दो साफ घड़े देखे। और उनके साथ ही फलों से भरे दो थाल...सेब...नाशपातियां...अनार...उसने सोचा अनार बकवास है...सेब और नाशपातियां ठीक हैं...घड़े के ऊपर चीनी के बजाये एक प्याला पड़ा था...उसने तश्तरी उठा कर देखा तो मलाई से पुर था। उसने उठा लिया और इससे पहले कि वो कुछ सोच सके, जल्दी-जल्दी उसने निवाले उठाने शुरू किए सारी मलाई उसके पेट में थी...कितना आराम का क्षण था। भूल गई कि किसी ग़ैर के मकान में हैं...वहीं बैठ कर उसने सेब और नाशपातियां खाना शुरू कर दीं... घड़ौंची के नीचे कुछ और भी था...यख़नी...ठण्डी थी...लेकिन उसने सारी पतीली ख़त्म कर दी...एकदम जाने क्या हुआ। पेट की गहराइयों से गुब्बारा-सा उठा और उसका सर चकराने लगा। वो उठ खड़ी हुई। कहीं से खांसी की आवाज़ आई। भागने की कोशिश की मगर चकरा कर गिरी और बेहोश हो गई।

जब होश आया तो वो एक साफ सुथरे बिस्तर पर लेटी थी। सब से पहले उसे ख़्याल आया। कहीं मैं लुट तो नहीं गई...लेकिन फौरन ही उसे इत्मीनान हो गया कि वो सही सलामत थी...कुछ और सोचने ही लगी थी कि पतली-पतली खांसी की आवाज़ आई। एक हड्डियों का ढांचा कमरे में दाख़िल हुआ।

सकीना ने अपने गांव में बहुत से क़हत के मारे इंसान देखे थे। मगर ये इंसान उनसे बिल्कुल अलग था। बेचारगी उनकी आंखों में भी थी। मगर उसमें वो अनाज को तरसी हुई ख़्वाहिश नहीं थी। उसने पेट के भूखे देखे थे। जिनकी निगाहों में एक नंगी और भोंडी ललचाहट थी। लेकिन उस मर्द की निगाहों में उसे एक चिलमन सी नज़र आई। एक धुंधला पर्दा जिसके पीछे से वो डर-डर कर उसके पीछे देख रहा था।

भयभीत सकीना को होना चाहिए था लेकिन सहमा हुआ वो था-उसने एक-एक कर के कुछ झेंपते, कुछ अजीब क़िस्म का हिजाब महसूस करते हुए उससे कहा : "जब तुम खा रही थीं तो मैं तुम से दूर खड़ा था-उफ़! मैंने किन मुश्किलों से अपनी खांसी रोके रखी कि तुम आराम से खा सको और मैं ये ख़ूबसूरत मंज़र ज़्यादा देर तक देख सकूं। भूख बड़ी प्यारी चीज़ है। लेकिन एक हूं मैं कि इस नेमत से महरूम हूं। नहीं, महरूम नहीं कहना चाहिए क्यों कि मैंने खुद उसको हलाक किया है।

सकीना कुछ भी समझ न सकी...वो एक पहेली थी। जो बूझते-बूझते एक और पहेली बन जाती थी। लेकिन इसके बावजूद सकीना को उसकी बातें

अच्छी लगीं जिनमें इंसानियत की गर्मी थी। चुनांचे उसने अपनी सारी आपबीती उसको सुना दी। वो ख़ामोश सुनता रहा जैसे उस पर असर ही नहीं हुआ। लेकिन जब सकीना उसका शुक्रिया अदा करने लगी तो उसकी आंखें जो आंसुओं से बेनियाज़ मालूम होती थीं एकदम नमनाक हो गईं और उसने भर्राई हुई आवाज़ में कहा : "यहीं रह जाओ सकीना...मैं टी.बी. का मरीज़ हूं...मुझे कोई खाना...कोई फल अच्छा नहीं लगता। तुम खाया करना और मैं तुम्हें देखा करूंगा...लेकिन फौरन वो मुस्कुराने लगा। क्या हिमाक़त है...कोई और सुनता तो क्या कहता...यानी दूसरा खाया करे और में देखा करूंगा। नहीं सकीना... वैसे मेरी दिली ख़्वाहिश है कि तुम यहीं रहो..."

सकीना कुछ सोचने लगी : "जी नहीं...मेरा मतलब है आप इस घर में अकेले हैं और मैं...नहीं नहीं...बात ये है कि मैं..."

ये सुन कर उसको कुछ ऐसा सदमा पहुंचा कि वो थोड़ी देर के लिए बिल्कुल खो सा गया। जब बोला तो उसकी आवाज़ खोखली थी। "मैं दस बरस तक स्कूल में लड़कियां पढ़ाता रहा हूं। हमेशा मैंने उनको अपनी बच्चियां समझा...तुम...तुम एक और हो जाओगी।"

सकीना के लिए कोई और जगह ही नहीं थी। चुनांचे उस प्रोफेसर के यहां ठहर गई।

वो एक बरस और चन्द महीने ज़िन्दा रहा। इस दौरान में बजाये इसके कि सकीना उसकी ख़बरगीरी करती, उल्टा वो जो कि बीमार था, उसको आसाइशो-आराम पहुंचाने में कुछ इस बेकली से मसरूफ़ रहा जैसे डाक जाने वाली है और वो जल्दी-जल्दी एक ख़त में जो बात उसके ज़ेहन में आती है लिखता जा रहा है। उसकी इस तवज्जोह ने सकीना को जिसे तवज्जोह की ज़रूरत थी, चन्द महीनों में निखार दिया। अब प्रोफेसर उससे कुछ दूर रहने लगा। मगर उसकी तवज्जोह में कोई फ़र्क़ नहीं आया।

आख़िरी दिनों में अचानक उसकी हालत ख़राब हो गई। एक रात जब कि सकीना उसके पास ही सो रही थी, वो हड़बड़ा कर उठा और ज़ोर-ज़ोर से चिल्लाने लगा : "सकीना-सकीना।"

ये चीखें सुन कर सकीना घबरा गई। प्रोफेसर की धंसी हुई आंखों में जो चिलमन-सी हुआ करती थी मौजूद नहीं थी। अब एक अथाह दुख सकीना को उनमें नज़र आया...प्रोफेसर ने कांपते हुए हाथों से सकीना के हाथ पकड़े और कहा : "मैं मर रहा हूं...लेकिन इस मौत का मुझे दुख नहीं...क्योंकि बहुत-सी मौतें मेरे अन्दर घटित हो चुकी हैं। तुम सुनना चाहती हो मेरी दास्तान...जानना

चाहती हो मैं क्या हूं...सुनो...एक झूठ हूं...बहुत बड़ा झूठ...मेरी सारी ज़िन्दगी अपने आप से झूठ बोलने और फिर उसे सच बनाने में गुज़री है...उफ कितना तकलीफ़देह ग़ैर फितरी और ग़ैर इंसानी काम था...मैंने एक ख़्वाहिश को मारा था। लेकिन मुझे ये मालूम नहीं था कि उस क़त्ल के बाद मुझे और बहुत से ख़ून करने पड़ेंगे...सकीना! ये मैं जो कुछ कह रहा हूं फलसफ़ियाना बकवास है, सीधी बात ये है कि मैं अपना कैरेक्टर ऊंचा करता रहा और खुद इंतिहाई पस्तियों के दलदल में धंसता चला गया। मैं मर जाऊंगा और ये कैरेक्टर...ये बेरंग फरेरा मेरी ख़ाक पर उड़ता रहेगा...वो तमाम लड़कियां जिन्हें मैं स्कूल में पढ़ाया करता था...कभी मुझे याद करेंगी तो कहेंगी एक फरिश्ता था जो इंसानों में चला आया था। तुम भी मेरी नेकियों को नहीं भूलोगी...लेकिन हक़ीक़त ये है कि जब से तुम इस घर में आई हो...एक लम्हा भी ऐसा नहीं गुज़रा जब मैंने तुम्हारी जवानी को 'नापाक' निगाहों से न देखा हो। मैंने कल्पना में कई बार तुम्हारे होंठों को चूमा है...कई बार मैंने तुम्हारी बांहों पर अपना सर रखा है...लेकिन हर बार मुझे उन तस्वीरों को पुर्ज़े-पुर्ज़े करना पड़ा।

फिर उन पुर्ज़ों को जला कर मैंने राख बनाई कि उनका नामो-निशान तक बाक़ी न रहे। मैं मर जाऊंगा...काश मुझ में इतनी हिम्मत होती कि अपने उस ऊंचे कैरेक्टर को एक लम्बे बांस पर लंगूर की तरह बैठा देता। और डुगडुगी बजा कर लोगों को इकट्ठा करता कि आओ देखो और सबक़ हासिल करो।"

इस घटना के बाद प्रोफेसर सिर्फ पांच दिन ज़िन्दा रहा...सकीना का बयान है कि मरने से पहले वो बहुत खुश था...ज़ब वो आख़री सांस ले रहा था तो उसने सकीना से सिर्फ इतना कहा : "सकीना! मैं लालची नहीं...ज़िन्दगी के ये आख़िरी पांच दिन मेरे लिए बहुत हैं...मैं तुम्हारा शुक्रगुज़ार हूं।"

साढ़े तीन आने

मैंने क़त्ल क्यों किया, एक इंसान के ख़ून में अपने हाथ क्यों रंगे, ये लम्बी दास्तान है। जब तक मैं इसके तमाम कारणों से आपको आगाह नहीं करूंगा, आपको कुछ पता नहीं चलेगा–मगर इस वक़्त आप लोगों की गुफ़्तुगू का विषय जुर्म और सज़ा है। इंसान और जेल है–चूंकि मैं जेल में रह चुका हूं, इसलिए मेरी राय ग़लत नहीं हो सकती। मुझे मंटो साहब से पूरा इत्तेफ़ाक़ है कि जेल मुजरिम की इस्लाह नहीं कर सकती। मगर यह हक़ीक़त इतनी बार दुहराई जा चुकी है कि इस पर ज़ोर देने से आदमी को यों महसूस होता है जैसे वो किसी महफिल में हज़ार बार सुनाया हुआ लतीफा बयान कर रहा है–और ये लतीफ़ा नहीं कि इस हक़ीक़त को जानते पहचानते हुए भी हज़ारहा जेल ख़ाने मौजूद हैं। हथकड़ियां और इंसानियत पर ज़ुल्म ढाने वाली बेड़ियां–मैं क़ानून का यह ज़ेवर पहन चुका हूं।''

यह कह कर रिज़वी ने मेरी तरफ देखा और मुस्कुराया। उसके मोटे-मोटे हबशियों के से होंठ अजीब अंदाज़ में फड़के। उसकी छोटी-छोटी 'मख़मूर' आंखें, जो क़ातिल की आंखें लगती थीं, चमकीं। हम सब चौंक पड़े थे। जब उसने यकायक हमारी गुफ़्तुगू में हिस्सा लेना शुरू कर दिया था। वो हमारे क़रीब कुर्सी पर बैठा क्रीम मिली हुई काफी पी रहा था। जब उसने खुद को परिचित कराया तो हमें वो तमाम वाक़ियात याद आ गये जो उसकी क़त्ल की वारदात से जुड़े थे। वायदा माफ गवाह बन कर उसने बड़ी सफाई से अपनी और अपने दोस्तों की गर्दन फांसी के फन्दे से बचा ली थी।

वो उसी दिन रिहा होकर आया था। बड़े शाइस्ता अंदाज़ में वो मुझे से मुख़ातिब हुआ, ''मुआफ़ कीजियेगा मंटो साहब–आप लोगों की गुफ़्तुगू से मुझे

दिलचस्पी है। मैं साहित्यकार तो नहीं। आपकी गुफ़्तुगू का जो विषय है उस पर अपनी टूटी फूटी ज़बान में कुछ न कुछ ज़रूर कह सकता हूं।'' फिर उसने कहा : ''मेरा नाम सिद्दीक़ रिज़वी है–लिन्डा बाज़ार में जो क़त्ल हुआ था, मैं उससे जुड़ा था।''

मैंने उस क़त्ल के मुताल्लिक़ सिर्फ सरसरी तौर पर पढ़ा था। लेकिन जब रिज़वी ने अपना परिचय कराया तो मेरे ज़ेहन में ख़बरों की तमाम सुर्ख़ियां उभर आईं।

हमारी गुफ़्तुगू का विषय यह था कि क्या जेल मुजरिम की इस्लाह कर सकती है? मैं खुद महसूस कर रहा था, हम एक बासी रोटी खा रहे हैं। रिज़वी ने जब यह कहा : यह हक़ीक़त इतनी बार दुहराई जा चुकी है कि इस पर ज़ोर देने से आदमी को यों महसूस होता है जैसे वो किसी महफ़िल में हज़ार बार सुनाया हुआ लतीफ़ा बयान कर रहा है तो मुझे बड़ा सुकून हुआ। मैंने यह समझा जैसे रिज़वी ने मेरे ख़्यालात की तर्जुमानी कर दी है।

क्रीम मिली हुई काफ़ी की प्याली ख़त्म करके रिज़वी ने अपनी छोटी-छोटी मख़मूर आंखों से मुझे देखा और बड़ी संजीदगी से कहा : मंटो साहब आदमी जुर्म क्यों करता है–जुर्म क्या है, सज़ा क्या है–मैं ने इसके लिए बहुत ग़ौर किया है। मैं समझता हूं कि हर जुर्म के पीछे एक हिस्ट्री होती है–ज़िन्दगी के वाक़ियात का एक बहुत बड़ा टुकड़ा होता है, बहुत उल्झा हुआ, टेढ़ा-मेढ़ा–मैं मनोविज्ञान का माहिर नहीं–लेकिन इतना ज़रूर जानता हूं कि इंसान से खुद जुर्म नहीं होता। हालात से होता है।''

नसीर ने कहा : ''आपने बिल्कुल दुरुस्त कहा है।''

रिज़वी ने एक और काफ़ी का आर्डर दिया और नसीर से कहा : ''मुझे मालूम नहीं जनाब, लेकिन मैंने जो कुछ अर्ज किया है, अपने विचारों के आधार पर अर्ज किया है। वर्ना ये मौज़ू बहुत पुराना है। मेरा ख़्याल है कि विक्टरह्यूगो-फ्रांस का एक मशहूर नाविलिस्ट था–शायद किसी और मुल्क का हो–आप तो ख़ैर जानते ही होंगे, जुर्म और सज़ा पर उसने काफी लिखा है–मुझे उसकी एक रचना की चन्द पंक्तियां याद हैं।'' यह कहकर वो मुझ से मुख़ातिब हुआ : ''मंटो साहब, ग़ालिबन आप ही का तर्जुमा था–क्या था–वो सीढ़ी उतार दो जो इंसान को जुर्म की दुनिया में ले जाती है–लेकिन मैं सोचता हूं कि वो सीढ़ी कौन-सी है। उसके कितने ज़ीने हैं?

कुछ भी हो, यह सीढ़ी ज़रूर है। उसके ज़ीने भी हैं। लेकिन जहां तक मैं समझता हूं, बेशुमार हैं, उनको गिनना, उनका शुमार करना ही सबसे बड़ी

बात है–मंटो साहब हुकूमतें जनगणना करती हैं, हुकूमत हर क़िस्म की गणना करती हैं–इस सीढ़ी के ज़ीनों की गणना क्यों नहीं करतीं–क्या यह उनका फर्ज़ नहीं–मैंने क़त्ल किया–लेकिन इस सीढ़ी के कितने ज़ीने तै कर के किया–हुकूमत ने मुझे वायदा माफ गवाह बना लिया, इसलिये कि क़त्ल का सबूत उसके पास नहीं था। लेकिन सवाल यह है कि मैं अपने गुनाहों की माफ़ी किस से मांगूं–वो हालात जिन्होंने मुझे क़त्ल करने पर मजबूर किया था, अब मेरे नज़दीक नहीं हैं। इनमें और मुझ में एक बरस का फासला है। मैं इस फ़ासले से माफ़ी मांगूं या उन हालात से जो बहुत दूर खड़े मेरा मुंह चिढ़ा रहे हैं?''

हम सब रिज़्वी की बातें बड़े ग़ौर से सुन रहे थे। वो स्पष्ट रूप से शिक्षित मालूम नहीं होता था, लेकिन उसकी गुफ़्तुगू से साबित हुआ कि वो पढ़ा लिखा है और बात करने का सलीक़ा जानता है। मैंने उससे कुछ कहा होता, लेकिन मैं चाहता था कि वो बातें करता जाये और मैं सुनता जाऊं। इसीलिए मैं उसकी गुफ्तुगू में रुकावट न बना।

उसके लिए नई काफ़ी आ गई थी। उसे बनाकर उसने चन्द घूंट पिये और कहना शुरू किया : ''खुदा मालूम मैं क्या बकवास करता रहा हूं, लेकिन मेरे ज़ेहन में हर वक़्त एक आदमी का ख़्याल रहा है–उस आदमी का, उस भंगी का जो हमारे साथ जेल में था। उसको साढ़े तीन आने चोरी करने पर एक बरस की सज़ा हुई थी।''

नसीर ने हैरत से पूछा : ''सिर्फ साढ़े तीन आने की चोरी पर–और जो उसको नसीब न हुए, क्योंकि वो पकड़ा गया–यह रक़म ख़ज़ाने में महफूज़ है और फगू भंगी ग़ैर महफूज़ है। क्योंकि हो सकता है वो फिर पकड़ा जाये। क्योंकि हो सकता है उसका पेट फिर उसे मजबूर करे। क्योंकि हो सकता है कि उससे 'गू-मूत' साफ कराने वाले उसकी तंख़्वाह न दे सकें। क्योंकि हो सकता है उसका तंख़्वाह देने वालों को अपनी तंख़्वाह न मिले–ये हो सकता है..., का सिलसिला मंटो साहब अजीबो-ग़रीब है। सच पूछिये तो दुनिया में सब कुछ हो सकता है–रिज़्वी से क़त्ल भी हो सकता है।''

यह कह कर वो थोड़े अर्से के लिए ख़ामोश हो गया। नसीर ने उस से कहा : ''आप फगू की बात कर रहे थे।''

रिज़्वी ने अपनी छिदरी मूंछों पर से काफी रूमाल के साथ पोंछी : ''जी हां–फगू भंगी चोर होने के बावजूद, यानी वो क़ानून की नज़रों में चोर था, लेकिन हमारी नज़रों में पूरा ईमानदार–ख़ुदा की क़सम मैंने आज तक उस जैसा

ईमानदार आदमी नहीं देखा। साढ़े तीन आने उसने ज़रूर चुराये थे। उसने साफ-साफ अदालत में कह दिया था कि यह चोरी मैंने ज़रूर की है, मैं अपने हक़ में कोई गवाही पेश नहीं करना चाहता—मैं दो दिन का भूखा था, मजबूरन मुझे करीम दर्जी की जेब में हाथ डलना पड़ा। उससे मुझे पांच रुपये लेने थे—दो महीनों की तंख़्वाह—हुज़ूर उसका भी कुछ कुसूर नहीं था, इसलिए कि उसके कई ग्राहकों ने उसकी सिलाई के पैसे मारे हुए थे—हुज़ूर, मैं पहले भी चोरियां कर चुका हूं। एक बार मैंने दस रुपये एक मेम साहब के बटुए से निकाल लिये थे। मुझे एक महीने की सज़ा हुई थी। फिर मैंने डिप्टी साहब के घर से चांदी का एक खिलौना चुराया था इसलिए कि मेरे बच्चे को निमोनिया था और डॉक्टर बहुत फीस मांगता था—हुज़ूर मैं आप से झूठ नहीं कहता। मैं चोर नहीं हूं—कुछ हालात ही ऐसे थे कि मुझे चोरियां करनी पड़ीं—और हालात ही कुछ ऐसे थे मैं पकड़ा गया—मुझ से बड़े-बड़े चोर मौजूद हैं। लेकिन वो अभी तक पकड़े नहीं गए—हुज़ूर, अब मेरा बच्चा भी नहीं है, बीवी भी नहीं है—लेकिन अफ़्सोस है कि मेरा पेट है, ये मर जाये तो सारा झंझट ही ख़त्म हो जाये। हुज़ूर मुझे माफ़ कर दो—लेकिन हुज़ूर ने उसको माफ़ न किया और आदी चोर समझ कर उसको एक बरस क़ैद-बा-मशक़्क़त की सज़ा दे दी।''

रिज़वी बड़े बेतकल्लुफ़ अंदाज़ में बोल रहा था। इसमें कोई बनावट नहीं थी। ऐसा लगता था कि शब्द खुद-बखुद उसकी ज़बान पर आते और बहते चले जा रहे हैं। मैं बिल्कुल ख़ामोश था। सिगरेट पर सिगरेट पी रहा था और उसकी बातें सुन रहा था। नसीर फिर उससे मुख़ातिब हुआ। ''आप फगू की ईमानदारी की बात कर रहे थे।''

''जी हां।'' रिज़वी ने जेब से बीड़ी निकाल कर सुलगाई ''मैं नहीं जानता क़ानून की निगाहों में ईमानदारी क्या चीज़ है। लेकिन मैं इतना जानता हूं कि मैंने बड़ी ईमानदारी से क़त्ल किया था—और मेरा ख़्याल है कि फगू ने भी बड़ी ईमानदारी से साढ़े तीन आने चुराये थे। मेरी समझ में नहीं आता कि लोग ईमानदारी को सिर्फ अच्छी बातों से क्यों जोड़ते हैं। और सच पूछिये तो मैं अब यह सोचने लगा हूं कि अच्छाई और बुराई है क्या। एक चीज़ आपके लिए अच्छी हो सकती है, मेरे लिए बुरी। एक सोसाइटी में एक चीज़ अच्छी समझी जाती हैं, दूसरी बुरी—हमारे मुसलमानों में बग़लों के बाल बढ़ाना गुनाह समझा जाता है, लेकिन सिक्ख इससे बेनियाज़ हैं। अगर यह बाल बढ़ाना वाक़ई गुनाह है तो खुदा उनको सज़ा क्यों नहीं देता। अगर कोई खुदा है, तो मेरी उससे

दरख़्वास्त है कि खुदा के लिए तुम ये इंसानों के क़ानूनों को तोड़ दो, उनकी बनाई हुई जेलें ढा दो—और आसमानों पर अपनी जेलें खुद बनाओ। खुद अपनी अदालत में उनको सज़ा दो, क्योंकि और कुछ नहीं तो कम अज़ कम खुदा तो हो।''

रिज़वी के इस भाषण ने मुझे बहुत प्रभावित किया। उसकी ख़ामकारी ही वास्तव में प्रभाव का कारण थी। वह बातें करता था तो यों लगता था जैसे वो हमसे नहीं बल्कि अपने-आपसे दिल ही दिल में गुफ़्तुगू कर रहा है।

उसकी बीड़ी बुझ गई थी। ग़ालिबन उसमें तंबाकू की गांठ अटकी हुई थी, इसलिए कि उसने पांच बार उसको सुलगाने की कोशिश की। जब न सुलगी तो फेंक दी और मुझ से मुख़ातिब होकर कहा : ''मंटो साहब! फगू मुझे अपनी तमाम ज़िन्दगी याद रहेगा—आपको बताऊंगा तो आप ज़रूर कहेंगे जज़्बातियत है, लेकिन खुदा की क़सम जज़्बातियत को इसमें कोई दख़ल नहीं—वो मेरा दोस्त नहीं था—नहीं, वो मेरा दोस्त था। क्योंकि उसने हर बार खुद को ऐसा ही साबित किया।''

रिज़वी ने जेब में से दूसरी बीड़ी निकाली मगर वो टूटी हुई थी। मैंने उसे सिगरेट पेश किया तो उसने कुबूल कर लिया : ''शुक्रिया—मंटो साहब, माफ कीजियेगा, मैंने इतनी बकवास की है, हालांकि मुझे नहीं करनी चाहिए थी, इसलिए कि माशाअल्लाह आप...''

मैंने उसकी बात काटी : ''रिज़वी साहब! मैं इस वक़्त मंटो नहीं हूं, सिर्फ सआदत हसन हूं। आप अपनी गुफ़्तुगू जारी रखिये, मैं बड़ी दिलचस्पी से सुन रहा हूं।''

रिज़वी मुस्कुराया। उसकी छोटी-छोटी मख़मूर आंखों में चमक पैदा हुई : ''आपकी बड़ी नवाज़िश है।'' फिर वो नसीर से मुख़ातिब हुआ : ''मैं क्या कह रहा था।''

मैं ने उससे कहा : ''फगू की ईमानदारी के मुताल्लिक़ कुछ कहना चाहते थे।''

''जी हां।'' यह कह कर उसने मेरा पेश किया हुआ सिगरेट सुलगाया। ''मंटो साहब! क़ानून की नज़रों में वो आदी चोर था। बीड़ियों के लिए एक बार उसने आठ आने चुराये थे। बड़ी मुश्किलों से दीवार फांद कर जब उसने भागने की कोशिश की थी तो उसके टख़ने की हड्डी टूट गई थी। क़रीब-क़रीब एक बरस तक वह उसका इलाज कराता रहा था, मगर जब मेरा हम-इल्ज़ाम दोस्त जरजी बीस बीड़ियां उसकी मारफत भेजता तो वो सब की

सब पुलिस की नज़रें बचा कर मेरे हवाले कर देता। वायदा माफ़ गवाहों पर बड़ी कड़ी निगरानी होती है, लेकिन जरजी ने फगू को अपना दोस्त और हमराज बना लिया था। वो भंगी था, लेकिन उसकी फितरत बड़ी खुशबूदार थी। शुरू-शुरू में जब वो जरजी की बीड़ियां लेकर मेरे पास आया तो मैंने सोचा इस हरामज़ादे चोर ने ज़रूर इनमें से सब कुछ ग़ायब कर ली होंगी। मगर बाद में मुझे मालूम हुआ कि वो क़तई तौर पर ईमानदार था–बीड़ी के लिए उसने आठ आने चुराते हुए अपने टखने की हड्डी तुड़वा ली थी, मगर यहां जेल में जहां उसको तम्बाकू कहीं से भी नहीं मिल सकती थी, वो जरजी की दी हुई बीड़ियां तमामो-कमाल मेरे हवाले कर देता था। जैसे वो अमानत हों–फिर वो कुछ हिचकिचाने के बाद मुझ से कहता, बाबू जी, एक बीड़ी तो दीजिये। और मैं उसको सिर्फ एक बीड़ी देता–इंसान भी कितना कमीना है।''

रिज़वी ने कुछ इस अंदाज़ से अपना सर झटका जैसे वो अपने आप से 'अलग' है। जैसा कि मैं अर्ज़ कर चुका हूं, मुझ पर बहुत कड़ी पाबन्दियां लागू थीं। वायदा माफ़ गवाहों के साथ ऐसा ही होता है। जरजी अल्बत्ता मेरे मुक़ाबले में बहुत आज़ाद था। उसको रिश्वत दे दिला कर बहुत आसानियां मुहैया थीं। कपड़े मिल जाते थे। साबुन मिल जाता था। बीड़ियां मिल जाती थीं। जेल के अन्दर रिश्वत देने के लिए रुपये भी मिल जाते थे–फगू भंगी की सज़ा ख़त्म होने में सिर्फ चन्द दिन बाक़ी रह गये थे। जब उसने आख़री बार जरजी की दी हुई बीस बीड़ियां लाकर मुझे दीं। मैंने उसका शुक्रिया अदा किया। वो जेल से निकलने पर खुश नहीं था। मैंने जब उसको मुबारकबाद दी तो उसने कहा : ''बाबू जी मैं फिर यहां आजाऊंगा–भूखे इंसान को चोरी करनी पड़ती है–बिल्कुल ऐसे ही जैसे एक भूखे इंसान को खाना, खाना ही पड़ता है–बाबू जी, आप बड़े अच्छे हैं, मुझे इतनी बीड़ियां देते रहे–खुदा करे आपके सारे दोस्त बरी हो जाएं। जरजी बाबू आपको बहुत चाहते हैं।''

नसीर ने यह सुनकर ग़ालिबन अपने से कहा : ''और उसको सिर्फ साढ़े तीन आने चुराने के जुर्म में सज़ा मिली थी।''

रिज़वी ने गर्म काफ़ी का एक घूंट पी कर ठण्डे अंदाज़ में कहा। ''जी हां सिर्फ साढ़े तीन आने चुराने के जुर्म में–और वो भी ख़ज़ाने में जमा हैं। खुदा मालूम उनसे किस पेट की आग बुझेगी!'' रिज़वी ने काफी का एक और घूंट पिया और मुझसे मुख़ातिब होकर कहा : ''हां मंटो साहब, उसकी रिहाई में सिर्फ एक दिन रह गया था। मुझे दस रुपये की ज़रूरत थी–मैं तफ़्सील में नहीं जाना चाहता। मुझे यह रुपये एक सिलसिले में संतरी को रिश्वत के तौर पर

देने थे। मैंने बड़ी मुश्किलों से काग़ज़ पेन्सिल मुहैया करके जरजी को एक ख़त लिखा था और फगू के ज़रिये उस तक भिजवाया था कि वो मुझे किसी न किसी तरह दस रुपये भेज दे। फगू अनपढ़ था। शाम वो मुझ से मिला। जरजी का परचा उसने मुझे दिया। उसमें दस रुपये का सुर्ख़ पाकिस्तानी नोट क़ैद था। मैंने परचा पढ़ा। यह लिखा था : "रिज़्वी प्यारे दस रुपये भेज तो रहा हूं, मगर एक आदी चोर के हाथ। खुदा करे तुम्हें मिल जाएं क्योंकि यह कल ही जेल से रिहा होकर जा रहा है।" मैंने यह तहरीर पढ़ी तो फगू भंगी की तरफ देख कर मुस्कुराया। उसको साढ़े तीन आने चुराने के जुर्म में एक बरस की सज़ा हुई थी। मैं सोचने लगा अगर उसने दस रुपये चुराये होते तो साढ़े तीन आने प्रति बरस के हिसाब से उसको क्या सज़ा मिलती।"

यह कह कर रिज़्वी ने काफ़ी का आख़िरी घूंट पिया और रुख़्सत मांगे बिना काफ़ी हाऊस से बाहर चला गया।

रहमते-ख़ुदावन्दी के फूल

ज़मीनदार अख़बार में जब डॉक्टर राथर पर रहमते-खुदावन्दी के फूल बरसते थे तो यार दोस्तों ने गुलाम रसूल का नाम डॉक्टर राथर रख दिया था। मालूम नहीं क्यों, इसलिये कि गुलाम रसूल को डॉक्टर राथर से कोई निस्बत नहीं थी। इसमें कोई शक नहीं कि वो एम बी बी एस में तीन बार फेल हो चुका था, मगर कहां डॉक्टर राथर, कहां गुलाम रसूल!

डॉक्टर राथर एक इश्तेहारी डॉक्टर था जो इश्तेहारों के ज़रिये मर्दाना ताक़त की दवायें बेचता था। खुदा और उसके रसूल की क़समें खा-खाकर अपनी दवाओं को गुणी बताता था और यों सैकड़ों रुपये कमाता था। गुलाम रसूल को ऐसी दवाओं से कोई दिलचस्पी न थी...वो शादी-शुदा था, और उसको मर्दाना ताक़त बढ़ाने वाली चीज़ों की कोई ज़रूरत नहीं थी। लेकिन फिर भी उसके यार दोस्त उसको डॉक्टर राथर कहते थे। इस काया कल्प को उसने तसलीम कर लिया था। इसलिए कि इसके सिवा कोई चारा ही नहीं था। इसके बाद दोस्तों को ये नाम पसंद आ गया था। और ये ज़ाहिर है कि गुलाम रसूल के मुक़ाबले में डॉक्टर राथर कहीं ज़्यादा माडर्न है।

अब गुलाम रसूल को डॉक्टर राथर के नाम से याद किया जायेगा। इसलिए कि ज़बाने-ख़ल्क़ को नकारा-ए-खुदा समझना चाहिए।

डॉक्टर राथर में बहुत सारे गुण थे। सब से बड़ा गुण उसमें यह था कि वह डॉक्टर नहीं था, और न बनना चाहता था। वो एक आज्ञाकारी बेटे की तरह अपने मां-बाप की ख़्वाहिश के मुताबिक मेंडिकल कालेज में पड़ा था। इतने अर्से से कि अब कालेज की इमारत उसके जीवन का एक अंश बन गयी थी। वो ये समझने लगा था कि कालेज उसके किसी बुज़ुर्ग का घर है जहां उसको

हर रोज़ सलाम अर्ज करने के लिए जाना पड़ता है।

उसके मां-बाप चाहते थे कि वो डॉक्टरी पास कर ले। उसके मां-बाप को यक़ीन था कि वो एक कामयाब डॉक्टर की सलाहियतें रखता है। अपने बड़े लड़के के मुताल्लिक़ मौल्वी सबाहुद्दीन ने अपनी बीवी से पेशगोई की थी कि वो बैरिस्टर होगा; जब उसको एल एल बी पास करा के लन्दन भेजा गया तो वो बैरिस्टर बन कर ही आया। ये अलग बात है कि उसकी प्रैक्टिस दूसरे बैरिस्टरों के मुक़ाबले में बहुत ही कम थी।

डॉक्टर राथर तीन बार एम बी बी एस के इम्तिहान में फेल हो चुका था, मगर उसके बाप को यक़ीन था कि वो बहुत बड़ा डॉक्टर बनेगा। और डॉक्टर राथर अपने बाप का इस क़दर फ़रमांबरदार था कि उसको भी यक़ीन था कि एक रोज़ वो लन्दन के हारले स्ट्रीट में बैठा होगा और उसकी सारी दुनिया में धूम मची होगी।

डॉक्टर राथर में अनेक गुण थे। एक गुण यह भी था कि वो सादगी-पसंद था। लेकिन सबसे बड़ी बुराई उसमें यह थी कि पीता था और अकेला था। शुरू-शुरू में तो उसने बहुत कोशिश की कि अपने साथ किसी और को न पिलाये लेकिन यार दोस्तों ने उसको तंग करना शुरू कर दिया। उनको उसका ठिकाना मालूम हो गया। ''सेवाये बार'' में शाम को सात बजे पहुंच जाते। मजबूरन डॉक्टर राथर को इन्हें अपने साथ पिलानी पड़ती। ये लोग उसका गुण गाते। उसके भविष्य के बारे में बड़ी उत्साह की बातें करते। राथर नशे की तरंग में बहुत ख़ुश होता और अपनी जेब ख़ाली कर देता।

पांच-छः महीने इसी तरह बीत गये। उसको अपने बाप से दो सौ रुपये माहवार मिलते थे। रहता अलग था। मकान का किराया बीस रुपये महीना था। दिन अच्छे थे, वर्ना राथर की बीवी को फ़ाक़ों का सामना करना पड़ता। लेकिन फिर भी उसका हाथ तंग हो गया। इसलिए कि राथर को दूसरों को पिलानी पड़ती थी।

उन दिनों शराब बहुत सस्ती थी। आठ रुपये की एक बोतल। अद्धा चार रुपये आठ आने में मिलता था। मगर हर रोज़ एक अद्धा लेना, ये डॉक्टर की बिसात से बाहर था। उसने सोचा कि घर में पिया करे। मगर ये कैसे मुमकिन था। उसकी बीवी तुरंत तलाक़ ले लेती। उसको मालूम ही नहीं था कि उसका पति शराब का आदी है। इसके इलावा उसको शराबियों से सख़्त नफ़रत थी। उनसे बहुत ख़ौफ़ आता था। किसी की सुर्ख़ आंखें देखती तो डर जाती, हाय! डॉक्टर साहब, कितनी डरावनी आंखें थीं उस आदमी की।

ऐसा लगता कि शराबी है।

और डॉक्टर राथर दिल ही दिल में सोचता कि उसकी आंखें कैसी हैं, क्या पी कर आंखों में सुर्ख़ डोरे आते हैं—क्या उसकी बीवी को उसकी आंखें अभी तक सुर्ख़ नज़र नहीं आईं—कब तक उसका राज़, राज़ रहेगा—मुंह से बू तो ज़रूर आती होगी—क्या वजह है कि उसकी बीवी ने कभी नहीं सूंघी। फिर वो सोचता। नहीं, मैं बहुत इहतियात करता हूं। मैंने हमेशा मुंह परे करके उससे बात की है। एक बार उसने पूछा था कि आपकी आंखें आज सुर्ख़ क्यों हैं तो मैंने उससे कहा था, धूल पड़ गई है। इसी तरह एक बार उसने पूछा था, यह बू कैसी है, तो मैंने यह कह कर टाल दिया था, आज सिगार पिया था—बहुत बू होती है कमबख़्त में।

डॉक्टर राथर अकेला पीने का आदी था। उसको साथी नहीं चाहिये थे। वो कंजूस था। इसके इलावा उसकी जेब भी इजाज़त नहीं देती थी कि वो दोस्तों को पिलाये। उसने बहुत सोचा कि ऐसी तरकीब क्या हो सकती है कि सांप भी मर ज़ाये और लाठी भी न टूटे। यानी यह मसला कुछ इस तरह हल हो गया कि वो घर में पिया करे जहां उसके दोस्तों को शिरकत करने की जुर्रत नहीं हो सकती थी।

डॉक्टर राथर पूरा डाक्टर तो नहीं था। लेकिन उसको डॉक्टरी की चन्द चीज़ों का इल्म ज़रूर था। वो इतना जानता था कि दवाएं बोतलों में डाल कर दी जाती हैं। और उनमें अक्सर ये लिखा होता है कि 'शेक दि बोटल बिफोर यूज़—उसने इतने इल्म पर अपनी तरकीब की दीवारें मज़बूत कीं। आख़िर में बहुत सोच विचार के बाद उसने यह सोचा कि वो घर में ही पिया करेगा। सांप भी मर जायेगा और लाठी भी नहीं टूटेगी। वो दवा की बोतल में शराब डलवा कर घर रख देगा। बीवी से कहेगा कि उसके सर में दर्द है और उसके उस्ताद डॉक्टर सैयद रमज़ान अली शाह ने अपने हाथ से यह नुस्ख़ा दिया है और लिखा है कि शाम को हर पन्द्रह मिनट के बाद एक खोराक पानी के साथ पिया करे। इंशाअल्लाह शिफ़ा हो जायेगी।

ये तरकीब तलाश कर लेने पर डॉक्टर राथर बेहद ख़ुश हुआ। अपनी ज़िन्दगी में पहली बार उसने यों महसूस किया जैसे उसने एक नया अमेरिका खोज लिया है। चुनांचे सुबह-सवेरे उठ कर उसने अपनी बीवी से कहा : नसीमा! आज मेरे सर में बड़ा दर्द है—ऐसा लगता है फट जायेगा।"

नसीमा ने बड़े तरद्दुद से कहा : "कालिज न जाइये आज।"

डॉक्टर राथर मुस्कुराया : "पगली, आज मुझे ज़रूर जाना चाहिए—डॉक्टर

सैयद रमज़ान अलीशाह साहब से पूछूंगा। उनके हाथ में बड़ी शिफा है।''

''हां हां ज़रूर जाइये–मेरे मुताल्लिक़ भी उनसे बात कीजियेगा।''

नसीमा को गर्भाशय स्राव की शिकायत थी। जिससे डॉक्टर राथर को कोई दिलचस्पी नहीं थी, मगर उसने कहा : ''हां हां, बात करूंगा–मगर मुझे यक़ीन है कि वो मेरे लिये कोई निहायत ही कड़वी और बदबूदार दवा तजवीज़ कर देंगे।''

''आप खुद डॉक्टर हैं, दवाएं मिठाइयां तो नहीं होती।''

''ठीक है, लेकिन बदबूदार दवाओं से मुझे नफ़रत है।''

''आप देखिए तो सही कैसी दवा देते हैं। अभी से क्यों राय क़ायम कर रहे हैं आप?''

''अच्छा'' कह कर डॉक्टर राथर अपने सर को दबाता कालेज चला गया। शाम को वो दवा की बोतल में व्हिस्की डलवा कर ले आया और अपनी बीवी से कहा : ''मैंने तुम से कहा था न कि डॉक्टर सैयद रमज़ान अली शाह कोई ऐसी दवा लिख कर देंगे जो बेहद कड़वी और बदबूदार होगी–''लो, ज़रा इसे सूंघो।'' बोतल का कॉर्क उतार कर उसने बोतल का मुंह अपनी बीवी की नाक के साथ लगा दिया। उसने सूंघा और एकदम नाक हटा कर कहा : ''बहुत वाहियात सी बू है।''

''अब ऐसी दवा कौन पिये।''

''नहीं नहीं–आप ज़रूर पियेंगे–सर का दर्द कैसे दूर होगा।''

''हो जायेगा अपने आप।''

''अपने आप कैसे दूर होगा–यही तो आपकी बुरी आदत है। दवा लाते हैं मगर इस्तेमाल नहीं करते।''

''यह भी कोई दवा है–ऐसा लगता है शराब है।''

''आप तो जानते ही हैं अंग्रेज़ी दवाओं में शराब हुआ करती है।''

''लानत है ऐसी दवाओं पर!''

डॉक्टर राथर की बीवी ने खुराक के निशान देखे और हैरत से कहा : ''इतनी बड़ी खुराक!''

डॉक्टर राथर ने बुरा सा मुंह बनाया : ''यही तो मुसीबत है।''

''आप मुसीबत मुसीबत न कहें, अल्लाह का नाम लेकर पहली खुराक पियें–पानी कितना डालना है?''

डॉक्टर राथर ने बोतल अपनी बीवी के हाथ से ले ली और बनावटी रूप से कहा : ''सोडा मंगवाना पड़ेगा–अजीबो-ग़रीब दवा है–पानी नहीं, सोडा!''

यह सुन कर नसीमा ने कहा : "सोडा इसलिए कहा होगा कि आपका मेदा ख़राब है।"

"खुदा मालूम क्या ख़राब है।" यह कहकर डॉक्टर राथर ने एक खुराक गिलास में डाली, "भई खुदा की क़सम मैं नहीं पियूंगा।"

बीवी ने बड़े प्यार से उसके कांधे पर हाथ रखा : "नहीं नहीं–पी जाइये–नाक बन्द कर लीजिये–मैं इसी तरह फीवर मिक्सचर पिया करती हूं।"

डॉक्टर राथर ने बड़े नख़रों के साथ शाम का पहला पैग पिया। बीवी ने उसको शाबाशी दी और कहा : "पन्द्रह मिनट के बाद दूसरी खुराक। खुदा के फ़ज़लो-करम से दर्द यूं चुटकियों में दूर हो जायेगा।"

डॉक्टर राथर ने सारा ढोंग कुछ ऐसे रचाया था कि उसको महसूस ही न हुआ कि उसने दवा के बजाये शराब पी है, लेकिन जब हल्का-सा सुरूर उसके दिमाग़ में नमूदार हुआ तो वो दिल ही दिल में ख़ूब हंसा। तरकीब ख़ूब थी। उसकी बीवी ने ठीक पन्द्रह मिनट के बाद दूसरी खुराक गिलास में उंडेली, उसमें सोडा डाला और डॉक्टर राथर के पास ले आई : "यह लीजिये, दूसरी खुराक–कोई ऐसी बुरी बू तो नहीं है।"

डॉक्टर राथर ने गिलास पकड़ कर बड़ी बद दिली से कहा : "तुम्हें पीना पड़े तो मालूम हो–खुदा क़सम शराब की सी बू है–ज़रा सूंघ कर तो देखो!"

"आप तो बिल्कुल मेरी तरह ज़िद करते हैं।"

"नसीमा, खुदा की क़सम ज़िद नहीं करता–ज़िद का सवाल ही कहां पैदा होता है, लेकिन–ख़ैर ठीक है।" यह कहकर डाक्टर राथर ने गिलास मुंह से लगाया और शाम को दूसरा पैग गटागट चढ़ा गया।

तीन खुराकें ख़त्म हो गईं। डॉक्टर राथर ने संतुष्टि महसूस की, लेकिन दूसरे दिन फिर सर में दर्द लौट कर आया। डॉक्टर राथर ने अपनी बीवी से कहा : "डॉक्टर सैयद रमज़ान अलीशाह ने कहा है कि यह मर्ज आहिस्ता-आहिस्ता दूर होगा, लेकिन दवा का इस्तेमाल बराबर जारी रहना चाहिए। खुदा मूलम क्या नाम लिया था, उन्होंने बीमारी का–कहा था कि मामूली सर का दर्द होता तो दो खुराकों ही से दूर हो जाता, मगर तुम्हारा केस सीरियस है।"

ये सुनकर नसीमा ने कहा : "तो आपको दवा अब बाक़ायदा पीनी पड़ेगी?"

"मैं नहीं जानता–तुम वक़्त पर दे दिया करोगी तो क़हरे-दर्वेश, बर जान दर्वेश, पी लिया करूंगा।"

नसीमा ने एक खुराक सोडे में मिला कर उसको दी। उसकी बू नाक में

घुसी तो मतली आने लगी, मगर उसने अपने पति पर कुछ ज़ाहिर न होने दिया क्योंकि उसको डर था कि वो पीने से इंकार कर देगा।

डॉक्टर राथर ने तीन ख़ुराकें अपनी बीवी की बड़ी ज़िद पर लीं। वो बहुत ख़ुश थी कि उसका पति उसका कहा मान रहा है। क्योंकि बीवी की बात मानने के मामले में डॉक्टर बहुत बदनाम था।

कई दिन गुज़र गये। ख़ुराकें पीने और पिलाने का सिलसिला चलता रहा। डॉक्टर राथर बड़ा ख़ुश था कि उसकी तरकीब फायदामन्द साबित हुई। अब उसे दोस्तों का कोई डर नहीं था। हर शाम घर में बसर होती। एक ख़ुराक पीता और लेट कर कोई अफ़साना पढ़ना शुरू कर देता। दूसरी ख़ुराक ठीक पन्द्रह मिनट के बाद उसकी बीवी तैयार कर के ले आती। इसी तरह तीसरी ख़ुराक उसको बिन मांगे मिल जाती–डॉक्टर राथर बहुत ही संतुष्ट था। इतने दिन गुज़र जाने पर उसके और उसकी बीवी के लिए ये दवा का सिलसिला एक नियम बन गया था।

डॉक्टर राथर अब एक पूरी बोतल ले आया था। उसका लेबल वग़ैरह उतार कर उसने अपनी बीवी से कहा था : "केमिस्ट मेरा दोस्त है। उसने मुझे से कहा आप हर रोज़ तीन ख़ुराकें लेते हैं, दवा आपको यों महंगी पड़ती है। पूरी बोतल ले जाइये, इसमें से छोटी निशानों वाली बोतल में हर रोज़ तीन ख़ुराकें डाल लिया कीजिये–बहुत सस्ती पड़ेगी इस तरह आपको यह दवा।"

यह सुन कर नसीमा को ख़ुशी हुई कि चलो बचत हो गई। डॉक्टर राथर भी ख़ुश था कि उसके कुछ पैसे बच गए। क्योंकि उसे तीन पेग लेने में उसे ज़्यादा दाम देने पड़ते थे। और बोतल आठ रुपये में मिल जाती थी।

कालेज से फ़ारिग़ होकर डॉक्टर राथर एक दिन घर आया तो उसकी बीवी लेटी हुई थी। डॉक्टर राथर ने उससे कहा : "नसीमा खाना निकालो, बहुत भूख लगी है।"

नसीमा ने कुछ अजीब से लहजे में कहा "खाना–क्या आप खाना खा नहीं चुके।"

"नहीं तो।"

नसीमा ने एक लम्बी, नहीं, कही : "आप–खाना खा चुके हैं–मैंने आपको दिया था।"

डॉक्टर राथर ने हैरत से कहा : "कब दिया था? मैं अभी-अभी कालेज से आ रहा हूं।"

नसीमा ने एक जम्हाई ली : "झूठ है–आप तो कालेज गए ही नहीं।

डॉक्टर राथर ने समझा, नसीमा मज़ाक़ कर रही हैं, चुनांचे मुस्कुराया : "चलो उठो, खाना निकालो। सख़्त भूख लगी है।"

नसीमा ने एक और लम्बी "नहीं" कही। आप झूठ बोलते हैं। मैंने आपके साथ खाना खाया था।"

"कब–हद हो गई है–चलो उठो, मज़ाक़ न करो।" यह कह कर डॉक्टर राथर ने अपनी बीवी का बाज़ू पकड़ा। "ख़ुदा की क़सम मेरे पेट में चूहे दौड़ रहे हैं।"

नसीमा खिलखिलाकर हंसी : "चूहे–आप ये चूहे क्यों नहीं खाते?"

डॉक्टर राथर ने बड़े ताज्जुब से पूछा : "क्या हो गया है तुम्हें?"

नसीमा ने संजीदगी इख़्तियार करके अपने माथे पर हाथ रखा और अपने पति से कहा : मैं–मैं–सर में दर्द था मेरे–आपकी दवा की दो ख़ु...ख़ु...ख़ुराकें पी हैं–चूहे–चूहे बहुत सताते हैं–उनको मारने वाली गोलियां ले आईये–खाना–निकालती हूं खाना।"

डॉक्टर राथर ने अपनी बीवी से सिर्फ इतना कहा : "तुम सो जाओ, मैं खाना खा चुका हूं।"

नसीमा ज़ोर से हंसी : "मैंने झूठ तो नहीं कहा था।"

डॉक्टर राथर ने जब दूसरे कमरे में जाकर बेचैन हालत में "ज़मीनदार" का ताज़ा अंक खोला तो उसको एक ख़बर की सुर्ख़ी नज़र आई : "डॉक्टर राथर पर रहमते-ख़ुदावन्दी के फूल"। उसके नीचे दर्ज था कि पुलिस ने उसको धोखादेही के सिलसिले में गिरफ्तार कर लिया है।

गुलाम रसूल उर्फ़ डॉक्टर राथर ने यह ख़बर पढ़ कर यों महसूस किया कि उस पर "रहमते-ख़ुदावन्दी" के फूल बरस रहे हैं।

गोली

शफ़क़त दोपहर को दफ़्तर से घर आया तो घर में मेहमान आये हुए थे। औरतें थीं, जो बड़े कमरे में बैठी थीं। शफ़्क़त की बीवी, आएशा उनकी मेहमान नवाज़ी में मसरूफ थी। जब शफ़क़त सहन में दाख़िल हुआ तो उसकी बीवी बाहर निकली और कहने लगी। अज़ीज़ साहब की बीवी और उनकी लड़कियां आई हैं।''

शफ़क़त ने हैट उतार कर माथे का पसीना पोंछा : ''कौन अज़ीज़ साहब?''

आएशा ने आवाज़ दबा कर जवाब दिया : ''हाय, आपके अब्बा जी के दोस्त!''

''ओह...अज़ीज़ चचा।''

''हां, हां वही।''

शफ़क़त ने ज़रा हैरत से कहा : ''मगर वो तो अफ़्रीक़ा में थे।''

आएशा ने मुंह पर उंगली रखी : ''ज़रा आहिस्ता-आहिस्ता बात कीजिये। आपतो चिल्लाना शुरू कर देते हैं...वो अफ़्रीक़ा ही में थे। लेकिन जो अफ़्रीक़ा में हो, क्या वापस नहीं आ सकता!''

''लो अब तुम लगीं मीन-मेख़ करने।''

''आप तो लड़ने लगे।'' आएशा ने एक नज़र अन्दर कमरे में डाली। अज़ीज़ साहब अफ़्रीक़ा ही में हैं, लेकिन उनकी बीवी अपनी लड़की की शादी करने आई हैं। कोई अच्छा बर ढूंढ रही हैं।''

अन्दर से अज़ीज़ की बीवी की आवाज़ आई : ''आएशा तुमने रोक क्यों लिया शफ़क़त को, आने दो...आओ, शफ़्क़त बेटा, आओ...तुम्हें देखे इतनी

मुद्दत हो गई है।"

"आया, चची जान!" शफ़क़त ने हैट स्टैंड की खूंटी पर रखा और कमरे में दाख़िल हुआ : "आदाब अर्ज़ है! चची जान!"

अज़ीज़ की बीवी ने उठ कर उसको दुआएं दीं। सर पर हाथ फेरा और बैठ गई। शफ़क़त बैठने लगा तो उसने देखा कि सामने सोफे पर दो गोरी-गोरी लड़कियां बैठी हैं। एक छोटी थी, दूसरी बड़ी। दोनों की शक्ल आपस में मिलती थी। अज़ीज़ साहब बड़े प्रतिष्ठित व्यक्ति थे। उनके गुण उन लड़कियों में बड़े दिलकश तौर पर बंटे हुए थे। आंखें मां की थीं। नीली, बाल भूरे और काफ़ी लम्बे। दोनों की दो चोटियां थीं। छोटी का चेहरा बड़ी के मुक़ाबले में ज़्यादा निखरा हुआ था। बड़ी का चेहरा ज़रूरत से ज़्यादा संजीदा था।

उनकी मां उन से मुख़ातिब हुई : "बेटा, सलाम करो भाई को!"

छोटी ने उठ कर शफ़क़त को आदाब अर्ज़ किया। बड़ी ने बैठे-बैठे ज़रा झुक कर कहा : "तसलीमात!"

शफ़क़त ने मुनासिब जवाब दिया। इसके बाद अज़ीज़ साहब और अफ़्रीक़ा के मुताल्लिक़ बातों का लम्बा सिलसिला शुरू हो गया। नैरोबी, टांगानीका, दारूस्सलाम, करातीना, योगांडा, इन सब की बातें हुईं। कहां का मौसम अच्छा है, कहां का ख़राब है, फल कहां अच्छे होते हैं—फ़लों का ज़िक्र छिड़ा तो छोटी ने कहा : "यहां हिन्दुस्तान में तो निहायत ज़लील फल मिलते हैं।"

"जी नहीं, बड़े अच्छे फल मिलते हैं, बशर्ते कि मौसम हो।" शफ़क़त ने अपने हिन्दुस्तान की आबरू बचाना चाही।

"ग़लत है।" छोटी ने नाक चढ़ाई : "अम्मी जान, ये जो कल आपने मार्किट से मालटे लिए थे, क्या वहां के मचंगों का मुक़ाबला कर सकते हैं?"

लड़कियों की मां बोली : "शफ़क़त बेटा, ये सही कहती है। यहां के माल्टे वहां के मचंगों का मुक़ाबला नहीं कर सकते।"

आएशा ने छोटी से पूछा : "तलअत, ये मचंगा क्या होता है—नाम तो बड़ा अजीबो-ग़रीब है।"

तलअत मुस्कुराई : "आपा, एक फल है। माल्टे और मीठे की तरह—इतना लज़ीज़ होता है कि मैं बयान नहीं कर सकती—और रस—एक निचोड़िये—ये गिलास जो तिपाई पर पड़ा है, लबालब भर जाये।"

शफ़क़त ने गिलास की तरफ देखा और अन्दाज़ा लगाने की कोशिश की कि वो फल कितना बड़ा होगा। "एक मचंगे से इतना बड़ा गिलास भर जाता है।"

तलअत ने बड़े गर्व से जवाब दिया : "जी हां!"

शफ़क़त ने यह सुन कर कहा : "तो फल यक़ीनन बहुत बड़ा होगा।"

तलअत ने सर हिलाया : "जी नहीं–बड़ा होता है न छोटा–बस आपके यहां के बड़े माल्टे के बराबर होता है–यही तो उसकी ख़ूबी है कि रस ही रस होता है उसमें–और अम्मी जान वहां का अनन्नास–बड़ी रोटी के बराबर उसकी एक 'क़ाश' होती है।"

देर तक अनन्नास की बातें होती रहीं। तलअत बहुत बातूनी थी। अफ़्रीक़ा से उसको इश्क़ था। वहां ही हर चीज़ उसको पसंद थी। बड़ी जिसका नाम निकहत था, बिल्कुल ख़ामोश बैठी रही। उसने गुफ़्तुगू में कोई हिस्सा नहीं लिया। शफ़क़त को जब महसूस हुआ कि वो ख़ामोश बैठी रही है तो वो उससे मुख़ातिब हुआ : "आपको ग़ालिबन इन बातों से दिलचस्पी नहीं।"

निकहत ने अपने होंठ खोले : "जी नहीं–सुनती रही हूं बड़ी दिलचस्पी से।"

शफ़क़त ने कहा : "लेकिन आप बोलती नहीं।"

अज़ीज़ की बीवी ने जवाब दिया : "शफ़क़त बेटा इसकी तबीयत ही ऐसी है।"

शफ़क़त ने ज़रा बेतकल्लुफी से कहा : "चची जान–इस उम्र की लड़कियों को ख़ामोशी पसंद नहीं होना चाहिए। ये भी कोई बात है कि मुंह में घुंगनिया डाले बैठे रहो।" फिर वो निकहत से मुख़ातिब हुआ। "जनाब आपको बोलना पड़ेगा।"

निकहत के होंठों पर एक शर्मीली मुस्कुराहट पैदा हुई "बोल तो रही हूं भाई जान।"

शफ़क़त मुस्कुराया : "तस्वीरों से दिलचस्पी है आपको।"

निकहत ने निगाहें नीचे कर के जवाब दिया : "जी, है।"

तो उठिये मैं आपको अपना अल्बम दिखाऊं–दूसरे कमरे में है। यह कहकर शफ़्क़त उठा : "चलिए!"

आएशा ने शफ़क़त का हाथ दबाया। पलट कर उसने अपनी बीवी की तरफ सवालिया नज़रों से देखा। उसने आंखों ही आंखों में कोई इशारा किया जिसे शफ़क़त न समझ सका। वो आश्चर्यचकित था कि ख़ुदा मालूम क्या बात थी कि उसकी बीवी ने उसका हाथ दबाया और इशारा भी किया। वो सोच ही रहा था कि तलअत खट से उठी। चलिये भाई जान–मुझे दूसरों के एल्बम देखने का बहुत शौक़ है–मेरे पास भी एक कलेक्शन है।"

शफ़क़्त, तलअत को तस्वीरें दिखाता रहा, अपनी आदत के मुताबिक़ तलअत बोलती रही। शफ़क़्त का दिमाग़ किसी और तरफ था। वो निकहत के बारे में सोच रहा था कि वो इतनी ख़ामोश क्यों हैं? तस्वीरें देखने उसके साथ क्यों न आई। जब उसने उसको चलने के लिए कहा तो आएशा ने उसका हाथ क्यों दबाया। इस इशारे का क्या मतलब था जो उसने आंखों से किया था।

तस्वीरें ख़त्म हो गईं। तलअत ने अल्बम उठाया और शफ़क़्त से कहा : बाजी को दिखाती हूं। उनको बहुत शौक़ है तस्वीरें जमा करने का।"

शफ़क़्त पूछने ही वाला था कि अगर उनको शौक है तो वो इसके साथ क्यों न आईं। मगर तलअत अल्बम उठाकर कमरे से बाहर निकल गई। शफ़क़्त बड़े कमरे में दाख़िल हुआ तो निकहत बड़ी दिलचस्पी से अल्बम की तस्वीरें देख रही थी। हर तस्वीर उसे ख़ुशी पहुंचाती थी।

आएशा लड़कियों की मां से बातें करने में मशगूल थी। शफ़क़्त कंखियों से देखता रहा। उसका चेहरा ज़ो पहले ज़रूरत से ज़्यादा संजीदगी की धुंध में लिपटा हुआ था, अब साफ था। ऐसा लगता था कि तस्वीरें जो आर्ट का बेहतरीन नमूना थीं, उसको राहत बख़्श रही थीं। उसकी आंखों में अब चमक थी। लेकिन जब एक घोड़े और सेहतमन्द औरत की तस्वीर आई तो ये चमक मांद पड़ गई। एक हल्की सी आह उसके सीने में लरजी और वहीं दब गई।

तस्वीरें ख़त्म हुई तो निकहत ने शफ़क़्त की तरफ देखा और बड़े प्यारे अन्दाज़ में कहा : "भाई जान, शुक्रिया!"

शफ़क़्त ने अल्बम निकहत के हाथ से लिया और मेंटल पीस पर रख दिया। उसके दिमाग़ में ख़दबद हो रही थी' उसको ऐसा लगता था कोई बहुत बड़ा रहस्य उस लड़की की ज़िन्दगी के साथ छिपा है। उसने सोचा शायद कोई अधूरा रोमांस हो, या कोई मनोवैज्ञानिक घटना।

चाय आई तो निकहत से मुख़ातिब हुआ : "उठिये, चाय बनाइये–ये काम लेडीज़ का है।"

निकहत ख़ामोश रही, लेकिन तलअत फुदक कर उठी : "भाई जान मैं बनाती हूं।"

निकहत का चेहरा फिर धुंध में लिपट गया। शफ़क़्त की जिज्ञासा बढ़ती गई। एक बार उसने निकहत को घूर कर देखा तो वो सिटपिटा सी गई। शफ़क़्त को दिल ही दिल में इस बात का अफ़सोस हुआ कि उसने क्यों ऐसी हरकत की।

चाय पर इधर–उधर की ढेर सारी बातें हुईं। तलअत ने उनमें सबसे ज़्यादा

हिस्सा लिया। टेनिस का ज़िक्र आया तो उसने शफ़क़त को बड़े गर्वीले अन्दाज़ में, जो शेख़ी की हद तक जा पहुंचा था, बताया कि वो नैरोबी में नम्बर वन टेनिस प्लेयर थी और पन्द्रह बीस कप जीत चुकी थी–निकहत बिल्कुल ख़ामोश रही। उसकी ख़ामोशी बड़ी उदास थी। साफ़ ज़ाहिर था कि उसको इस बात का एहसास है कि वो ख़ामोश है।

एक बात जो शफ़क़त ने ख़ास तौर पर नोट की, यह थी कि अज़ीज़ की बीवी की ममता का रुख़ ज़्यादातर निकहत की तरफ़ था। उसने खुद उठकर बड़े प्यार, मुहब्बत से उसको क्रीम का रोल दिया। मुंह पोछने के लिए अपना रूमाल दिया। उससे कोई बात करती थी तो इसमें प्यार भी होता था। ऐसा लगता था कि वो बातों के ज़रिये से भी उसके सर पर मुहब्बत भरा हाथ फेर रही है या उसको चुमकार रही है।

रुख़सत का वक़्त आया तो अज़ीज़ की बीवी उठी, बुर्क़ा उठाया, आएशा से गले मिली। शफ़क़त को दुआएं दीं और निकहत के पास जाकर आंखों में आंसू ला देने वाले प्यार से कहा : ''चलो बेटा, चलें।''

तलअत फुदक कर उठी। अज़ीज़ की बीवी ने निकहत का एक बाज़ू थामा, दूसरा बाज़ू तलअत ने पकड़ा। उसको उठाया गया–शफ़क़त ने देखा उसका निचला धड़ बिल्कुल बेजान है–एक क्षण के लिए शफ़क़त का दिलो-दिमाग़ मौन हो गया। जब वो संभला तो उसे अपने अन्दर एक टीस-सी महसूस हुई।

लड़खड़ाती हुई टांगों पर मां और बहन का सहारा लिए, निकहत ग़ैर यक़ीनी क़दम उठा रही थी। उसने माथे के पास हाथ लेजाकर शफ़क़त और आएशा को आदाब अर्ज़ किया। कितना प्यारा अन्दाज़ था। मगर उसके हाथ ने शफ़क़त के दिल पर जैसे घूंसा मारा–सारा रहस्य उस पर स्पष्ट हो गया था। सबसे पहला ख़्याल उसके दिमाग़ में यह आया ''कुदरत क्यों इतनी बेरहम है–ऐसी प्यारी लड़की और उसके साथ इस क़द्र ज़ालिमाना सुलूक–इस मासूम का आख़िर गुनाह क्या था जिसकी सज़ा इतनी कड़ी दी गई?''

सब चले गये। आएशा उनको बाहर तक छोड़ने गई। शफ़क़त एक फ़लसफ़ी बन कर सोचता रह गया। इतने में शफ़क़त के दोस्त आ गये और वो भी अपनी बीवी से निकहत के बारे में कोई बात न कर सका–अपने दोस्तों से ताश खेलने में ऐसा मशग़ूल हुआ कि निकहत और उसके रोग को भूल गया। जब रात हो गई और आएशा ने उसे नौकर के ज़रीये खाने पर बुलवाया तो उसे अफ़सोस हुआ कि उसने केवल एक खेल की ख़ातिर निकहत को

भुला दिया और इसका ज़िक्र उसने आएशा से भी किया, लेकिन उसने कहा : "आप खाना खाइये, पूरी बातें फिर हो जायेंगी।"

मैं और मेरी बीवी दोनों इकट्ठे सोते थे। जब से शादी हुई थी कभी रात को एक दूसरे से जुदा नहीं हुए थे। और शादी को क़रीब-क़रीब छ : बरस हो गये थे, मगर इस दौरान में कोई बच्चा न हुआ था। डाक्टरों का यह कहना था कि आएशा में कुछ कसर है जो सिर्फ ऑप्रेशन से दूर हो सकता है, मगर वो इससे बहुत भयभीत थी। मियां बीवी बहुत प्यार, मुहब्बत की ज़िन्दगी गुज़ार रहे थे। इनके दर्मियान कोई रंजिश नहीं थी।

रात को वो अकेले लेटते। रोज़ाना की तरह जब एक दूसरे के साथ लेटे तो शफ़क़त को निकहत याद आई। उसने एक आह भर कर अपनी बीवी से पूछा : "आएशा! निकहत बेचारी को क्या रोग है?"

आएशा ने भी आह भरी और बड़े अफसोसनाक लहजे में कहा : "तीन बरस की नन्हीं मुन्नी बच्ची थी कि बीमार पड़ी और निचला धड़ बेकार हो गया।

शफ़क़त के दिल में निकहत के लिए हमदर्दी का बेपनाह जज़्बा पैदा हुआ।

उसने अपनी बीवी की पीठ को अपने सीने के साथ लगा लिया और कहा : "आएशा! ख़ुदा क्यों इतना ज़ालिम है?"

आएशा ने कोई जवाब न दिया। शफ़क़त को दिन की घटनाएं याद आने लगीं। जब मैंने उससे कहा था कि चलो, मैं तुम्हें अल्बम दिखाता हूं तो तुमने मेरा हाथ इसीलिए दबाया था कि...

"हां हां, और क्या–आप तो बार-बार–"

"उसको इस बात का बहुत एहसास है कि वो अपाहिज है।"

"तुमने यह कहा है तो मुझे ऐसा मालूम हुआ है कि मेरे सीने में किसी ने तीर मारा है।"

जब वो आई तो ख़ुदा की क़सम मुझे बहुत दुख हुआ–बेचारी को पेशाब करना था। मां और छोटी बहन साथ गईं। इज़ाबन्द खोला–फिर बन्द किया–कितनी ख़ूबसूरत है–"

"ख़ुदा की क़सम बिल्कुल पता नहीं चलता कि फ़ालिजज़दा है।"

"बड़ी ज़हीन लड़की है।"

"अच्छा?"

"मां कहती थी कि उसने कहा था कि अम्मी जान मैं शादी नहीं करूंगी,

कुंवारी रहूंगी।''

शफ़क़त थोड़ी देर के लिये ख़ामोश हो गया। इसके बाद उसने इन्तिहाई दुख महसूस करते हुए कहा : ''तो उसको इस बात का एहसास है कि उससे शादी करने के लिए कोई रज़ामन्द नहीं होगा।''

आएशा ने शफ़क़त की छाती के बालों में उंगलियों से कंघी करते हुए कहा :

''शफ़क़त साहब! कौन शादी करेगा एक अपाहिज से?''

''नहीं नहीं, ऐसा न कहो आएशा।''

''इतनी बड़ी कुर्बानी कौन कर सकता है, शफ़क़त साहब?''

''तुम ठीक कहती हो।''

''ख़ूबसूरत है, अच्छे खाते-तीपे मां-बाप की लड़की है...सब ठीक है, मगर...''

''मैं समझता हूं-लेकिन-''

''मर्दों के दिल में रहम कहां?''

''शफ़क़त ने करवट बदली : ''ऐसा न कहो, आएशा।''

आएशा ने भी करवट बदली। दोनों रू-बरू हो गए। ''मैं सब जानती हूं, कोई ऐसा मर्द ढूंढिये जो उस बेचारी से शादी करने पर आमादा हो।''

''मुझे मालूम नहीं, लेकिन...''

''बड़ी बहन है, ग़रीब को कितना बड़ा दुख है कि उसकी छोटी बहन की शादी की बातचीत हो रही है।''

''सही कहती हो तुम।''

''आएशा ने एक लम्बी आह भरी : ''क्या बेचारी इसी तरह सारी उम्र कुढ़ती रहेगी।''

''नहीं!'' यह कहकर शफ़क़त उठ कर बैठ गया।

आएशा ने पूछा : ''क्या मतलब?''

''तुम्हें उससे हमदर्दी है?''

''क्यों नहीं?''

''ख़ुदा की क़सम खाकर कहो।''

''हाय, ये भी कोई क़सम खिलवाने की बात है, हर इंसान को इससे हमदर्दी होनी चाहिए।''

''शफ़क़त ने कुछ क्षण ख़ामोश रहने के बाद कहा : ''तो मैंने एक बात सोची है।''

आएशा ने खुश होकर कहा : "क्या?"

'मुझे हमेशा इस बात का एहसास रहा है कि तुम बहुत बुलन्द-ख़्याल औरत हो। आज तुमने मेरे इस ख़्याल को साबित कर दिया है। मैंने—खुदा मेरे इस इरादे को मज़बूत करे—मैंने इरादा कर लिया है कि में निकहत से शादी कर लूंगा। सारा सवाब तुम्हें मिलेगा—"

थोड़ी देर ख़ामोश रही। फिर एकदम जैसे गोला सा फटा—

"शफ़कत साहब, मैं गोली मार दूंगी उसे, अगर आपने उससे शादी की—"

शफ़्क़त ने ऐसा महसूस किया कि उसे ज़बरदस्त गोली लगी है और वो मर कर अपनी बीवी की आग़ोश में दफ़न हो गया है।

ठण्डा गोश्त

ईशर सिंह जैसे ही होटल के कमरे में दाख़िल हुआ, कलवंत कौर पलंग पर से उठी। अपनी तेज़-तेज़ आंखों से उसकी तरफ़ घूर के देखा और दरवाज़े की चटख़नी बन्द कर दी। रात के बारह बज चुके थे, शहर का माहौल एक अजीब रहस्मय ख़ामोशी में डूबा था।

कलवंत कौर पलंग पर आलती-पालती मार कर बैठ गई। ईशर सिंह जो शायद अपने पुराने विचारों के उलझे हुए धागे खोल रहा था, हाथ में कृपाण लिए एक कोने में खड़ा था। कुछ क्षण इसी तरह ख़ामोशी में गुज़र गए। कलवंत कौर को थोड़ी देर के बाद अपना आसन पसंद न आया और दोनों टांगें पलंग से नीचे लटका कर हिलाने लगी। ईशर सिंह फिर भी कुछ न बोला।

कलवंत कौर भरे-भरे हाथ-पैरों वाली औरत थी। चौड़े चकले कूल्हे, थलथल करने वाले गोश्त से भरपूर। कुछ ज़्यादा ही ऊपर उठा हुआ सीना, तेज़ आंखें। उपरी होंठ पर बालों का सुर्मई गुबार। ठोड़ी की बनावट से पता चलता था कि बड़े धड़ल्ले की औरत है।

ईशर सिंह एक कोने में चुपचाप खड़ा था, सर पर उसकी कस कर बांधी हुई पगड़ी ढीली हो रही थी। उसके हाथ जो कृपाण थामे हुए थे, थोड़े-थोड़े क़ांप रहे थे, मगर उसकी शारीरिक बनावट से पता चलता था कि वो कलवंत कौर जैसी औरत के लिए उपयुक्त मर्द है।

कुछ और क्षण जब इसी तरह ख़ामोशी में गुज़र गए तो कलवंत कौर छलक पड़ी। लेकिन तेज़-तेज़ आंखों को नचा कर वो सिर्फ इतना कह सकी ''ईशर सियां।''

ईशर सिंह ने गर्दन उठा कर कलवंत कौर की तरफ देखा, मगर उसकी

निगाहों की गोलियों की ताब न लाकर मुंह दूसरी तरफ मोड़ लिया।

कलवंत कौर चिल्लाई : "ईशर सियां।" लेकिन तुरंत ही आवाज़ भींच ली और पलंग पर से उठ कर उसकी ओर जाते हुए बोली : "कहां रहे तुम इतने दिन?"

ईशर सिंह ने खुश्क होंठों पर ज़बान फेरी : "मुझे मालूम नहीं।"

कलवंत कौर भिन्ना गई : "ये भी कोई जवाब है!"

ईशर सिंह ने कृपाण एक तरफ फेंक दी और पलंग पर लेट गया। ऐसा मालूम होता था कि वह कई दिनों का बीमार है। कलवंत कौर ने पलंग की तरफ देखा जो अब ईशर सिंह से लबालब भरा था। उसके दिल में हमदर्दी का जज़्बा पैदा हो गया। इसलिए उसके माथे पर हाथ रखकर बड़े प्यार से पूछा : "जानी, क्या हुआ है तुम्हें?"

ईशर सिंह छत की तरफ देख रहा था। उससे निगाहें हटा कर उसने कलवंत कौर के चेहरे को टटोलना शुरू किया : "कलवंत!"

आवाज़ में दर्द था। कलवंत कौर सारी की सारी सिमट कर अपने ऊपरी होंठ में आ गई "हां, जानी!" कहकर वो उसको दांतों से काटने लगी।

ईशर सिंह ने पगड़ी उतार दी। कल्वंत कौर को सहारा लेने वाली निगाहों से देखा, उसके गोश्त भरे कूल्हे पर ज़ोर से धप्पा मारा और सर को झटका देकर अपने आप से कहा : "ये कुड़ी, इसका दिमाग़ ही ख़राब है।

झटका देने से उसके केस खुल गए। कल्वंत कौर उंगलियों से उनमें कंघी करने लगी। ऐसा करते हुए उसने बड़े प्यार से पूछा : "ईशर सियां कहां रहे तुम इतने दिन?"

"बुरे की मां के घर।" ईशर सिंह ने कलवंत कौर को घूर के देखा और दोनों हाथों से उसके उभरे हुए सीने को मसलने लगा : "क़सम वाहेगुरू की! बड़ी जानदार औरत हो।"

कलवंत कौर ने एक अदा के साथ ईशर सिंह के हाथ एक तरफ झटक दिए और पूछा : "तुम्हें मेरी क़सम! बताओ कहां रहे–शहर गए थे?"

ईशर सिंह ने एक ही लपेट में अपने बालों का जूड़ा बनाते हुए जवाब दिया : "नहीं।"

कलवंत कौर चिड़ गई : "नहीं तुम ज़रूर शहर गये थे–और तुमने बहुत सा रुपया लूटा है जो मुझसे छुपा रहे हो।"

"वो अपने बाप का 'तख़्म' न हो जो तुम से झूठ बोले।"

कलवंत कौर थोड़ी देर के लिए ख़ामोश हो गई, लेकिन तुरंत ही भड़क

उठी, ''लेकिन मेरी समझ में नहीं आता, उस रात तुम्हें हुआ क्या–अच्छे भले मेरे साथ लेटे थे, मुझे तुमने वो तमाम गहने पहना रखे थे जो तुम शहर से लूट के लाये थे। मेरी भप्पियां ले रहे थे। लेकिन जाने अचानक तुम्हें क्या हुआ, उठे कपड़े पहन कर बाहर निकल गए।''

ईशर सिंह का रंग पीला हो गया। कलवंत कौर ने ये तब्दीली देखते ही कहा : ''देखा कैसे रंग पीला पड़ गया–ईशर सियां, क़सम वाहगुरू की, ज़रूर कुछ दाल में काला है!''

''तेरी जान की क़सम, कुछ भी नहीं।''

ईशर सिंह की आवाज़ बेजान थी। कलवंत कौर का संदेह और ज़्यादा मज़बूत हो गया। उपरी होंठ भींच कर उसने एक-एक शब्द पर ज़ोर देते हुए कहा : ''ईशर सियां! क्या बात है, तुम वो नहीं हो जो आज से आठ दिन पहले थे?''

ईशर सिंह एकदम उठ बैठा जैसे किसी ने उसपर हमला किया हो। कलवंत कौर को अपने बाजुओं में समेट कर उसने पूरी शक्ति के साथ भंभोड़ना शुरू कर दिया : ''जानी मैं वही हूं...घुटघुट पा झपियां, तेरी निकले हड्डां दी ग़र्मी...''

कलवंत कौर ने कोई विरोध न किया। लेकिन वो शिकायत करती रही : ''तुम्हें उस रात हो क्या गया था?''

''बुरे की मां का...वो हो गया था।''

''बताओगे नहीं?''

''कोई बात हो तो बताऊं।''

''मुझे अपने हाथों से जलाओ अगर झूठ बोलो।''

ईशर सिंह ने अपने बाज़ू उसकी गर्दन में डाल दिये और होंठ उसके होंठों में गाड़ दिये। मूंछों के बाल कलवंत कौर के नथुनों में घुसे तो उसे छींक आ गई। दोनों हंसने लगे।

ईशर सिंह ने अपनी सदरी उतार दी और कलवंत कौर को मादकीय नज़रों से देख कर कहा : ''आ जाओ एक बाज़ी ताश की हो जाये।''

कलवंत कौर के उपरी होंठ पर पसीने की नन्ही-नन्ही बून्दें फूट आईं। एक अदा के साथ उसने अपनी आंखों की पुतलियां घुमाईं और कहा : ''चल, दफ़ान हो।''

ईशर सिंह ने उसके भरे हुए कूल्हे पर ज़ोर से चुटकी भरी। कलवंत कौर तड़प कर एक तरफ हट गई : ''न कर ईशर सियां, मेरे दर्द होता है।''

ईशर सिंह ने आगे बढ़ कर कलवंत कौर का बालाई होंठ अपने दांतों के नीचे दबा लिया और किचकिचाने लगा। कलवंत कौर बिल्कुल पिघल गई। ईशर सिंह ने अपना कुर्ता उतार कर फेंक दिया और कहा : "लो, फिर हो जाये तुरूप चाल–"

कलवंत कौर का उपरी होंठ कंपकंपाने लगा। ईशर सिंह ने दोनों हाथों से कलवंत कौर की क़मीज़ का घेरा पकड़ा और जिस तरह बकरे की खाल उतारते हैं, उसी तरह उसको उतार कर एक तरफ रख दिया। फिर उसने घूर के उसके नंगे बदन को देखा और ज़ोर से बाज़ू पर चुटकी लेते हुए कहा : "कलवंत! क़सम वाह गुरू की, बड़ी करारी औरत है तू।"

कलवंत कौर अपने बाज़ू पर उभरते हुए लाल धब्बे को देखने लगी। बड़ा ज़ालिम है तू ईशर सियां।"

ईशर सिंह अपनी घनी मूंछों में मुस्कुराया : "होने दे आज जुल्म!" और ये कह कर उसने और जुल्म ढाने शुरू किये। कलवंत कौर का उपरी होंठ दांतों तले किचकिचाया। कान की लौवों को काटा, उभरे हुए सीने को भंभोड़ा। भरे हुए कूल्हों पर आवाज़ पैदा करने वाले चांटे मारे। गालों के मुंह भर-भर के बोसे लिए। चूस-चूस के उसका सारा सीना थूकों से लथेड़ दिया। कलवंत कौर तेज़ आंच पर चढ़ी हुई हांडी की तरह उबलने लगी। लेकिन ईशर सिंह इन तमाम कोशिशों के बावजूद खुद में गर्मी पैदा न कर सका। जितने गुर और जितने दाँव उसे याद थे सबके सब उसने पिट जाने वाले पहलवान की तरह इस्तेमाल कर दिया लेकिन कोई कारगर न हुआ। कलवंत कौर ने जिसके बदन के सारे तार तार तन कर खुद बखुद बज रहे थे। अनावश्यक छेड़-छाड़ से तंग आकर कहा : "ईशर सियां, काफी फेंट चुका है, अब पत्ता फेंक!"

यह सुनते ही ईशर सिंह के हाथ से जैसे ताश की सारी गड्डी नीचे फिसल गई। हांफता हुआ वो कलवंत कौर के पहलू में लेट गया और उसके माथे पर सर्द पसीने के लेप होने लगे। कलवंत कौर ने उसे गरमाने की बहुत कोशिश की। मगर नाकाम रही। अबतक सब कुछ मुंह से कहे बिना ही होता रहा था। जब कलवंत कौर के जागरूक अंगों को निराशा हुई तो वो झल्लाकर पलंग से नीचे उतर गई। सामने खूंटी पर चादर पड़ी थी, उसको उतार कर उसने जल्दी-जल्दी ओढ़ कर और नथुने फुला कर बिफरे हुए लहजे में कहा : "ईशर सियां! वो कौन हरामज़ादी है जिसके पास तू इतने दिन रह कर आया है और जिसने तुझको निचोड़ डाला है?"

ईशर सिंह पलंग पर लेटा हांपता रहा और उसने कोई जवाब न दिया।

कलवंत कौर गुस्से से उबलने लगी : "मैं पूछती हूं, कौन है वो चड्डू...कौन है वो अलिफ़्ती...कौन है वो चोर पत्ता?"

ईशर सिंह ने थके हुए लहजे में जवाब दिया "कोई भी नहीं कलवंत, कोई भी नहीं।"

कलवंत कौर ने अपने भरे हुए कूल्हों पर हाथ रख कर कहा : "ईशर सियां, मैं आज झूट-सच जान के रहूंगी...वाहगुरूजी की क़सम...क्या इसकी तह में कोई औरत नहीं?"

ईशर सिंह ने कुछ कहना चाहा, मगर कलवंत कौर ने इसकी इजाज़त नहीं दी : "क़सम खाने से पहले सोच ले कि मैं भी सरदार नेहाल सिंह की बेटी हूं...तिक्का बोटी कर दूंगी अगर तू ने झूठ बोला...ले अब खा वाहगुरूजी की क़सम...क्या इसकी तह में कोई औरत नहीं?"

ईशर सिंह ने बड़े दुख के साथ हां में सर हिलाया। कलवंत कौर बिल्कुल दीवानी हो गई। लपक कर कोने में से कृपाण उठा ली। म्यान को केले के छिल्के की तरह उतार कर एक तरफ़ फेंका और ईशर सिंह पर वार कर दिया।

आन की आन में लहू के फव्वारे छूट पड़े। कलवंत कौर की इससे भी तसल्ली न हुई तो उसने वहशी बिल्लियों की तरह ईशर सिंह के केश नोचने शुरू कर दिए। साथ ही साथ वो अपनी नामालूम सौत को मोटी-मोटी गालियां देती रही। ईशर सिंह ने थोड़ी देर के बाद कमज़ोर आवाज़ में विनती की : "जाने दे अब कलवंत! जाने दे।"

आवाज़ में बला का दर्द था। कलवंत कौर पीछे हट गई।

ख़ून ईशर सिंह के गले से उड़-उड़ कर उसकी मूंछों पर गिर रहा था। उसने अपने कांपते होंठ खोले और कल्वंत कौर की तरफ शुक्रिये और गिले की मिली जुली निगाहों से देखा : "मेरी जान! तुमने बहुत जल्दी की...लेकिन जो हुआ ठीक है।"

कलवंत कौर की ईर्ष्या फिर भड़की : "मगर वो कौन है? तुम्हारी मां!"

लहू ईशर सिंह की ज़बान तक पहुंच गया। जब उसने इसका मज़ा चखा तो उसके बदन में झुरझुरी-सी दौड़ गई।

"छ : आदमियों को क़त्ल कर चुका हूं...इस कृपाण से..."

कल्वंत कौर के दिमाग़ में सिर्फ दूसरी औरत थी : "मैं पूछती हूं कौन है वो हरामज़ादी?"

ईशर सिंह की आंखें धुंधला रही थीं। एक हल्की सी चमक उनमें पैदा हुई और उसने कलवंत कौर से कहा : "गाली न दे उस भड़वी को।"

कल्वंत चिल्लाई : ''मैं पूंछती हूं, वो है कौन?

ईशर सिंह के गले में आवाज़ रूंध गई, ''बताता हूं'' यह कह कर उसने अपनी गर्दन पर हाथ फेरा और उस पर अपना जीता खून देख कर मुस्कुराया : ''इंसान की माया भी एक अजीब चीज़ है।''

कलवंत कौर उसके जवाब के इंतेज़ार में थी : ''ईशर सियां, तू मतलब की बात कर!''

ईशर सिंह की मुस्कुराहट उसकी लहू भरी मूंछों में और ज़्यादा फैल गई...''मतलब ही की बात कर रहा हूं...गला चिरा है मांया मेरा...अब धीरे-धीरे ही सारी बात बताऊंगा।''

और जब वो बात बताने लगा तो उसके माथे पर ठण्डे पसीने के लेप होने लगे : ''कलवंत! मेरी जान...मैं तुम्हें नहीं बता सकता, मेरे साथ क्या हुआ...इंसान कुड़ी यह भी एक अजीब चीज़ है...शहर में लूट मची तो सब की तरह मैंने भी इसमें हिस्सा लिया...गहने लूटे और रुपये पैसे जो भी हाथ लगे वो मैंने तुम्हें दे दिये...लेकिन एक बात तुम्हें न बताई।''

ईशर सिंह ने घाव में दर्द महसूस किया और कराहने लगा। कलवंत कौर ने उसकी ओर ध्यान न दिया और बड़ी बेरहमी से पूछा। ''कौन सी बात?''

ईशर सिंह ने मूंछों पर जमते हुए लहू को फूंक से उड़ाते हुए कहा। ''जिस मकान पर...मैंने धावा बोला था...उसमें सात...उसमें सात आदमी थे...छ : मैंने...क़त्ल कर दिये...इसी कृपाण से जिससे तूने मुझे...से...सुन...एक लड़की थी बहुत सुन्दर...उसको उठा कर मैं अपने साथ ले आया।''

कलवंत कौर ख़ामोश सुनती रही। ईशर ने एक बार फिर फूंक मार के मूंछों पर से लहू उड़ाया : ''कलवंत जानी, मैं तुमसे क्या कहूं कितनी सुन्दर थी...मैं उसे भी मार डालता, पर मैंने कहा, ''नहीं, ईशर सियां, कलवंत कौर के तू हर रोज़ मज़े लेता है, ये मेवा भी चख देख।''

कलवंत कौर ने केवल इतना कहा : ''हूं...''

और मैं उसे कंधे पर डाल कर चल दिया...रास्ते में...क्या कह रहा था मैं...हां रास्ते में...नहर की पटरी के पास, थूहड़ की झाड़ियों तले मैंने उसे लिटा दिया...पहले सोचा कि फेंटू, लेकिन फिर ख़्याल आया कि नहीं...ये कहते-कहते ईशर सिंह की ज़बान सूख गई।

कलवंत कौर ने थूक निगल कर अपना हलक़ तर किया और पूछा, ''फिर क्या हुआ?''

ईशर सिंह के कंठ से निर्बल स्वर में ये शब्द निकले : मैंने...पत्ता

फेंका.. लेकिन...लेकिन।''

उसकी आवाज़ डूब गई।

कलवंत कौर ने उसे झंझोड़ा : ''फिर क्या हुआ?''

ईशर सिंह ने अपनी बन्द होती हुई आंखें खोली और कलवंत कौर के जिस्म की तरफ देखा जिसकी बोटी-बोटी थिरक रही थी। ''वो...वो मरी हुई थी...लाश थी...बिल्कुल ठंडा गोश्त...जानी मुझे अपना हाथ दे...''

कलवंत कौर ने अपना हाथ ईशर सिंह के हाथ पर रखा जो बर्फ़ से भी ज़्यादा ठण्डा था।

मिस टीन वाला

अपने सफ़ेद जूतों पर पालिश कर रहा था कि मेरी बीवी ने कहा : ''ज़ैदी साहब आए हैं।''

मैंने जूते अपनी बीवी के हवाले किए और हाथ धोकर दूसरे कमरे में चला आया जहां ज़ैदी बैठा था। मैंने उसकी तरफ ग़ौर से देखा : ''अरे क्या हो गया है तुम्हें?''

ज़ैदी ने अपने चेहरे पर ताज़गी लाने की नाकाम कोशिश करते हुए जवाब दिया : ''बीमार रहा हूं।''

मैं उसके पास कुर्सी पर बैठ गया : ''बहुत दुबले हो गये यार। मैंने तो पहले पहचाना ही नहीं था तुम्हें–क्या बीमारी थी?''

''मालूम नहीं।''

''क्या मतलब?''

ज़ैदी ने अपने ख़ुश्क होंठों पर ज़बान फेरी। ''कुछ समझ में नहीं आता, क्या बीमारी है?''

''हां कुछ ऐसा ही है।''

''किसी अच्छे डाक्टर को दिखाना था।''

ज़ैदी ख़ामोश रहा तो मैंने फिर उससे क़हा : ''किसी अच्छे डाक्टर से मश्वरा लिया?''

''नहीं।''

''क्यों?''

ज़ैदी फिर ख़ामोश रहा। जवाब देने के बजाये उसने जेब से सिग्रेट केस निकाला। उसकी उंगलियां कांप रही थीं। ''मेरा ख़्याल है ज़ैदी! तुम्हारा नरवस

सिस्टम ख़राब हो गया है। विटामिन के इंजेक्शन लगवाना शुरू कर दो, बिल्कुल ठीक हो जायेगा। पिछले वर्ष ज़्यादा व्हिस्की पीने से मेरा यही हाल हो गया था, लेकिन बारह इंजेक्शन लेने से कमज़ोरी दूर हो गई थी। मगर तुम किसी अच्छे डाक्टर से मश्वरा क्यों नहीं लेते?''

जै़दी ने अपना चश्मा निकाल कर रूमाल से साफ़ करना शुरू कर दिया। उसकी आंखों के नीचे स्याह हल्के पड़े हुए थे। मैंने पूछा : ''क्या रात को नीन्द नहीं आती?''

''बहुत कम।''

''दिमाग़ में खुश्की होगी।''

''जाने क्या है।'' यह कहकर वो एकदम गंभीर हो गया। ''देखो सआदत मैं तुम्हें एक अजीबो-ग़रीब बात बताने आया हूं। मुझे बीमारी-वीमारी कुछ नहीं। रात को नीन्द इसलिए नहीं आती कि मैं डरता रहता हूं।''

''डरते रहते हो-क्यों?''

''बताता हूं।'' यह कहकर उसने कांपते हाथों से सिगरेट सुलगाया और बुझी हुई तीली को तोड़ना शुरू कर दिया। ''मुझे मालूम नहीं सुनकर तुम क्या कहोगे। मगर यह वाक़िया है...''

मैं शायद मुस्कुरा दिया था। क्योंकि ज़ैदी ने डरते हुए बड़ी गंभीरता के साथ कहा। ''हंसो नहीं-ये हक़ीक़त है। मैं तुम्हारे पास आया हूं कि इंसानी नफ़सियात से तुम्हें दिलचस्पी काफी है। शायद तुम मेरे डर की वजह बाता सको।''

मैंने कहा : ''लेकिन यहां तो सवाल एक हैवान का है।''

ज़ैदी ख़फ़ा हो गया : ''तुम मज़ाक़ उड़ाते हो तो मैं कुछ नहीं कहूंगा।''

''नहीं-नहीं ज़ैदी! मुझे माफ़ कर दो-मैं पूरी तवज्जोह से सुनाऊंगा, जो तुम कहोगे।'' थोड़ी देर ख़ामोश रहने और नया सिगरेट सुलगाने के बाद उसने कहना शुरू किया : ''तुम्हें मालूम है जहां मैं रहता हूं, दो कमरे हैं पहले कमरे के उस तरफ छोटी-सी बाल्कोनी है। जिसके कटहरे में लोहे की सलाखें लगी हैं। अप्रैल और मई के दो महीने चूंकि बहुत गर्म होते हैं इसलिए फर्श पर बिस्तर बिछा कर उस बाल्कोनी में सोया करता हूं-ये जून का महीना है। अप्रैल की बात है। मैं सुबह नाश्ते से फ़ारिग़ होकर दफ़्तर जाने के लिए बाहर निकला। दरवाज़ा खोला तो दहलीज़ के पास एक मोटा बिल्ला आंखें बन्द किए लेटा नज़र आया। मैंने जूते से उसे ठोका दिया। उसने एक क्षण के लिए आंखें खोलीं। मेरी तरफ बड़ी बे-परवाई से, जैसे मैं कुछ भी नहीं देखा और आखें

बन्द कर लीं। मुझे बड़ा ताज्जुब हुआ, चुनांचे मैंने बड़े ज़ोर से उसके ठोकर मारी। उसने आंखें खोलीं। मेरी तरफ फिर उसी नज़र से देखा और उठकर कुछ दूर सीढ़ियों के पास लेट गया। जिस अंदाज़ से उसने चन्द क़दम उठाये थे, इससे ये मालूम होता था कि वो मुझ से मरऊब नहीं हुआ। मुझे सख़्त गुस्सा आया। आगे बढ़ कर अब मैंने ज़ोर से ठोकर मारी। दस-पन्द्रह ज़ीनों पर वो लड़खड़ाता हुआ चला गया। जब चार पैरों पर संभला तो उसने नीचे से अपनी पीली आंखों से मेरी तरफ देखा और गर्दन मोड़ कर कोई आवाज़ पैदा किए बिना एक तरफ चला गया–तुम दिलचस्पी ले रहे हो या नहीं?"

"हां हां, क्यों नहीं!"

ज़ैदी ने सिगरेट की राख झाड़ी और बातचीत का सिलसिला जारी किया : "दफ्तर पहुंच कर मैं सब कुछ भूल गया लेकिन शाम को जब घर लौटा और कमरे की दहलीज़ के पास पहुंचा जहां वो बिल्ला लेटा हुआ था तो सुबह का वाक़िया दिमाग़ में ताज़ा हो गया। नहाते, चाय पीते, रात का खाना खाते कई बार मैंने सोचा। तीन बार मैंने उसकी पसलियों में ज़ोर से ठोकर मारी, मुझ से वो डरा क्यों नहीं? म्याऊं तक भी न की उसने और फिर क्या अंदाज़ था, उसके चलने, आखें बन्द करने और खोलने का। ऐसा लगता था जैसे उसे कुछ परवाह ही नहीं। जब मैं ज़रूरत से ज़्यादा इस बिल्ले के बारे में सोचने लगा तो बड़ी उल्झन हुई। एक मामूली से हैवान को इतनी अहमियत आख़िर मैं क्यों दे रहा था, उसका जवाब न मुझे उस वक़्त मिला और न अब, हालांकि पूरे तीन महीने गुज़र चुके हैं।

इस क़द्र कह कर ज़ैदी ख़ामोश हो गया। मैंने पूछा : "बस!"

"नहीं।" ज़ैदी ने सिग्रेट को ऐश्ट्रे पर रखते हुए कहा। "मैं सिर्फ तुमसे यह कह रहा था कि उस बिल्ले को मैंने इतनी अहमियत क्यों दी है, मैं इतना ख़ौफ क्यों खाता हूं। यह पहेली अभी तक मुझ से हल नहीं हो सकी। शायद तुम मुझ से बेहतर सोच सको।"

मैंने कहा : "मुझे पूरी घटनाएं मालूम होनी चाहिए"

ज़ैदी ने ऐश्ट्रे पर से सिगरेट उठाया और एक कश लेकर कहा : "मैं बता रहा हूं।"

उस रोज़ के बाद कई दिन गुज़र गए मगर वो बिल्ला नज़र न आया। शायद शनिवार की रात थी। मैं बाहर बाल्कनी में सो रहा था। दो बजे के क़रीब कमरे में कुछ शोर हुआ जिससे मेरी नीन्द खुल गई। उठकर रौशनी की तो मैंने देखा कि वही बिल्ला खाने वाली मेज़ पर खड़ा डिश का सरपोश उतार कर

पुडिंग खा रहा है। मैंने 'शश' 'शश' की मगर वो अपने काम में मसरूफ़ रहा। मेरी तरफ उसने बिल्कुल न देखा। मैंने चप्पल का एक पैर उठाया और निशाना तान कर ज़ोर से मारा। चप्पल उसके पेट पर लगी, मगर वो इस चोट से बेपरवा पुडिंग खाता रहा। मैंने गुस्से में आकर मसहरी का डंडा उठाया और पास जाकर उसकी पीठ पर मारा।

उसने और ज़्यादा बेपरवाई से मेरी तरफ देखा। बड़े आराम से कुर्सी पर कूदा। आवाज़ पैदा किए बिना फर्श पर उतरा और धीरे-धीरे टहलता बाल्कनी के कटहरे की सलाखों में से निकल कर छज्जे पर कूद गया। मैं हैरान वहीं खड़ा रहा और सोचने लगा कि कैसा हैवान है जिस पर मार का कुछ असर ही नहीं होता। सआदत! तुमसे सच कहता हूं बड़ा ख़ौफ़नाक बिल्ला है। ये मोटा सर, रंग सफ़ेद है, लेकिन अक्सर मैला रहता है। मैंने ऐसा ग़लीज़ बिल्ला अपनी ज़िन्दगी में नहीं देखा।''

ज़ैदी ने एश्ट्रे में सिगरेट बुझाया और ख़ामोश हो गया।

मैंने कहा ''बिल्ले बिल्लियां तो खुद को बहुत साफ-सुथरा रखते हैं।

''रखते हैं।'' ज़ैदी उठा खड़ा हुआ। लेकिन ये बिल्ला शायद जान बूझ कर खुद को ग़लीज़ रखता है। लेटता है कूड़े क़रकट के पास। कान से लहू बह रहा है पर मजाल है, उसे चाट कर साफ करे-सर फटा हुआ है, पर उसे कुछ होश नहीं। बस, सारा दिन मारा-मारा फिरता है।''

मैंने पूछा : ''लेकिन इसमें ख़ौफ़ खाने की क्या बात है?''

ज़ैदी बैठ गया : ''यही तो मैं खुद पूछना चाहता हूं। डर की यों तो एक वजह हो भी सकती है। वो ये कि दस पन्द्रह रातें वो मुझे जगाता रहा। मुझ से हर बार उसने मार खाई। बहुत बुरी तरह पिटा। चाहिये तो ये था कि वो मेरे घर का रूख़ न करता क्योंकि आख़िर हैवानों में भी अक़्ल होती है। मैं सोचने लगा किसी दिन ऐसा न हो मुझ पर झपट पड़े और आंख-वांख नोच ले। सुनने में आया है कि अगर किसी बिल्ले या बिल्ली को घेर कर मारा जाये तो वो ज़रूर हमला करते हैं।

मैंने कहा : ''डरने की ये वजह तो माकूल है।''

ज़ैदी फिर उठ खड़ा हुआ : ''लेकिन इससे मेरी सांत्वना नहीं होती।''

मेरे दिमाग़ में एक ख़्याल आया : ''तुम उसके साथ मुहब्बत-प्यार से पेश आकर तो देखो।''

''मैं ऐसा कर चुका हूं-मेरा ख़्याल था इस क़द्र पिटने पर वो हाथ भी नहीं लगाने देगा। लेकिन मामला इसके विपरीत निकला। विपरीत भी नहीं।

कहना चाहिए क्योंकि उसने मेरे प्यार की बिल्कुल परवाह नहीं की। एक दिन मैं सोफ़े पर बैठा हुआ था कि वो पास आकर फर्श पर बैठ गया। मैंने डरते-डरते उसकी तरफ हाथ बढ़ाया। उसने आंखें मीच लीं। ये बढ़ा हुआ हाथ मैंने उसकी पीठ पर धीरे-धीरे फेरना शुरू किया-सआदत, तुम यक़ीन करो वो वैसे का वैसा आंखें बन्द किए बैठा रहा। प्यार का जवाब बिल्ले-बिल्लियां अक्सर दुम हिला कर देते हैं। लेकिन उस कमबख़्त की दुम का एक बाल भी न हिला-मैंने तंग आकर उसके सर पर किताब दे मारी, चोट खाकर वो उठा। बड़ी बेपरवाई से मेरी तरफ पीली-पीली आंखों से देखा और बाल्कनी के कटहरे की सलाख़ों में से निकल कर छज्जे पर कूद गया। बस, उस दिन से चौबीस घंटे वो मेरे दिमाग़ में रहने लगा।'' ये कह कर ज़ैदी मेरे सामने वाली कुर्सी पर बैठ गया और ज़ोर-ज़ोर से अपनी टांग हिलाने लगा।

मैंने सिर्फ इतना कहा : ''कुछ समझ में नहीं आता। लेकिन इतना ज़रूर समझ में आता था कि ज़ैदी का ख़ौफ़ बेबुनियाद नहीं।

ज़ैदी दांतों से नाख़ून काटने लगा ''मेरी समझ में भी कुछ नहीं आता। यही वजह है कि मैं तुम्हारे पास आया।'' यह कह कर वो उठा और कमरे में टहलने लगा। थोड़ी देर के बाद रुका और एश्ट्रे में बुझी हुई दियासलाई उठा कर उसके टुकड़े करने लगा। अब ये हालत हो गई है कि रात भर जागता रहता हूं। ज़रा-सी आहट होती है। मालूम नहीं किसी ने मार डाला है, बीमार है या कहीं और चला गया है।''

मैंने कहा : ''तुम क्या सोचते हो। अच्छा है जो ग़ायब हो गया है।''

'मालूम नहीं क्यों सोचता हूं। कोशिश करता हूं कि उस कमबख़्त को भूल जाऊं मगर दिमाग़ में से निकलता ही नहीं।'' ये कह कर वो सोफ़े पर सर के नीचे गद्दी रख कर लेट गया। ''अजीब ही क़िस्सा है। कोई और सुने तो हंसे कि एक बिल्ले ने मेरी ये हालत कर दी है। कभी-कभी मुझे ख़ुद हंसी आती है-लेकिन ये हंसी कितनी तकलीफ देह होती है।''

ज़ैदी ने ये कहा और मुझे एहसास हुआ कि वाक़ई अपनी बेबसी पर हंसते हुए उसे बहुत तकलीफ़ होती होगी। जो कुछ उसने बयान किया था, स्पष्ट रूप से व्यंगात्मक था। लेकिन ये बिल्कुल स्पष्ट था कि उस बिल्ले के वजूद में ज़ैदी की ज़िन्दगी का कोई बहुत ही पीड़ादायक क्षण छुपा था।

ऐसा क्षण जो उसे अब बिल्कुल याद नहीं था। चुनांचे मैंने उससे कहा : ''ज़ैदी तुम्हारे माज़ी में कोई ऐसी चीज़ कोई ऐसी घटना जिससे तुमने ख़ौफ़ खाया हो और उस चीज़ या वाक़िये की शबाहत उस बिल्ले से मिलती हो?''

ज़ैदी ने जवाब दिया : "मैं इस पर भी ग़ौर कर चुका हूं। मेरे हाफ़्ज़े में ऐसा कोई वाक़िया या ऐसी कोई चीज़ नहीं।"

मैंने कहा : "मुम्किन है कभी याद आ जाए।"

"ऐसा हो सकता है।" ये कहकर ज़ैदी सोफ़े पर से उठा। चन्द मिनट इधर-उधर की बातें कीं और मुझे और मेरी बीवी को इतवार की दावत देकर चला गया।

इतवार को मैं और मेरी बीवी सांता क्रूज़ गए। मैंने शायद आपको पहले नहीं बताया। ज़ैदी मेरा पुराना दोस्त है। इन्ट्रेंस तक हम दोनों एक ही स्कूल में थे। कालेज में भी हम दो बरस एक साथ रहे। मैं फेल हो गया और वो एफ़ ए पास करके अमृतसर छोड़ कर लाहौर चला गया। जहां उसने एम.ए. किया और चार पांच बरस बेकार रहने के बाद बम्बई चला आया। यहां वह एक बरस से जहाज़ों की एक कम्पनी में मुलाज़िम था।

दोपहर का खाना खाने के बाद...हम देर तक नयी और पुरानी फ़िल्मों के मुताल्लिक़ बातें करते रहे। मेरी ओर ज़ैदी की बीवी, दोनों फ़िल्मों की शौक़ीन हैं। चुनांचे इस गुफ्तुगू में ज़्यादा हिस्सा उन्ही का था। दोनों उठ कर दूसरे कमरे में जाने ही वाली थीं कि बाल्कनी के कटहरे की सलाखों से एक मोटा बिल्ला अन्दर दाखिल हुआ। मैंने और ज़ैदी ने उसी समय उसकी तरफ देखा। ज़ैदी के चेहरे से मुझे मालूम हो गया कि ये वही बिल्ला है।

मैंने ग़ौर से उसकी तरफ देखा। सर पर कानों के पास एक गहरा ज़ख़्म था। जिस पर हल्दी लगी हुई थी। बाल बेहद मैले थे। चाल में जैसा कि ज़ैदी ने कहा था कि एक अजीब क़िस्म की बेपरवाई थी। हम चार आदमी कमरे में मौजूद थे मगर उसने किसी की तरफ भी आंख उठा कर नहीं देखा। जब मेरी बीवी के पास से गुज़रा तो वो चीख़ उठी : "ये कैसा बिल्ला है? सआदत साहब?"

मैंने पूछा : "क्या मतलब?"

मेरी बीवी ने जवाब दिया : "पूरा बदमाश लगता है।"

ज़ैदी ने बौखला कर कहा : "बदमाश"

मेरी बीवी शर्मा गई : "जी हां, ऐसा ही लगता है।"

ज़ैदी कुछ सोचने लगा। दोनों औरतें दूसरे कमरे में चली गईं। थोड़ी देर के बाद ज़ैदी उठा : "सआदत! ज़रा इधर आओ।"

मुझे बाल्कनी में ले जाकर उसने कहा : "पहेली हल हो गई है।"

"कैसे?"

''तुम्हारी बीवी ने हल कर दी है–तुम भी सोचो क्या उस बिल्ले की शक्ल मिस टीन वाले से नहीं मिलती?''

''मिस टीन वाले से।''

''हां हां। उस बदमाश से जो हमारे स्कूल के बाहर बैठा रहता था। मुस्तफ़ा जिसे मिस टीन वाला कहा करते थे।''

मुझे याद आ गया। ज़ैदी पर जो लड़कपन में बहुत ख़ूबसूरत था, मिस टीन वाले की ख़ास नज़र थी। लेकिन मैं सोचने लगा, बिल्ले से उसकी शक्ल कैसे मिलती है। नहीं, नहीं मिलती थी, उसकी चाल में भी कुछ ऐसी ही बे–परवाई थी। सर अक्सर फटा रहता था। कई बार हेड मास्टर साहब ने उसे लोगों से पिटवाया कि वो स्कूल के दरवाज़े के पास न खड़ा रहा करे, मगर उसके कान पर जूं तक न रेंगी। एक लड़के के बाप ने उसे हॉकी से इतना मारा, इतना मारा कि लोगों का ख़्याल था अस्पताल में मर जाएगा। मगर दूसरे ही दिन वो फिर स्कूल के गेट के बाहर मौजूद था।

''सब बातें एक क्षण के अन्दर–अन्दर मेरे दिमाग़ में उभरीं। मैंने ज़ैदी से कहा, ''तुम ठीक कहते हो, मिस टीन वाला भी मार खाकर ख़ामोश रहा करता था।''

ज़ैदी ने जवाब दिया, इसलिए कि वो कुछ याद कर रहा था। कुछ क्षण ख़ामोश रहने के बाद उसने कहा : ''मैं आठवीं क्लास में था। पढ़ने के लिए एक बार अकेला कम्पनी बाग़ चला गया। एक पेड़ के नीचे बैठा पढ़ रहा था कि अचानक मिस टीन वाला नमूदार हुआ। हाथ में एक ख़त था। मुझ से कहने लगा। ''बाबूजी! ख़त पढ़ दीजिये।'' मेरी जान हवा हो गई। आसपास कोई नहीं था।

मिस टीन वाले ने ख़त मेरी रान पर बिछा दिया। मैं उठ भागा। उसने मेरा पीछा किया। लेकिन मैं इतना तेज़ दौड़ा कि वो बहुत पीछे रह गया। घर पहुंचते ही मुझे तेज़ बुख़ार चढ़ा। दो दिन तक हज़्यानी कैफियत रही। मेरी मां का ख़्याल था कि जिस पेड़ के नीचे मैं पढ़ने के लिए बैठा था, वहां प्रेतात्मा का विश्वास था।

ज़ैदी ये कह ही रहा था कि बिल्ला हमारी टांगों में से गुज़र कर कटहरे की सलाखों से निकला और छज्जे पर कूद गया। छज्जे पर चंद क़दम चल कर उसने मुड़ कर पीली–पीली आंखों से हमारी तरफ़ एक ख़ास बेपरवाई से देखा। मैंने मुस्कुरा कर कहा :

''मिस टीन वाला!'' ज़ैदी झेंप गया।

पढ़िए कलिमा

लाइलाहा इल्लल्लाह मुहम्मदुर्रसूलुल्लाह–आप मुसलमान हैं। यकीन करें। मैं जो कुछ कहूंगा, सच कहूंगा। पाकिस्तान का इस मामले से कोई ताल्लुक नहीं। लेकिन मैं सच कहता हूं इस मामले से पाकिस्तान का कोई तअल्लुक नहीं। आप इतनी जल्दी न कीजिए–मानता हूं, इन दिनों हुल्लड़ के ज़माने में आपको फ़ुर्सत नहीं, लेकिन आप खुदा के लिए मेरी पूरी बात तो सुन लीजिए–मैंने तुकाराम को ज़रूर मारा है, और जैसा कि आप कहते हैं तेज़ छुरी से उसका पेट चीरा है, मगर इसलिए नहीं कि वो हिन्दू था। अब आप पूछेंगे कि तुमने इसलिए नहीं मारा तो फिर किसलिए मारा–लीजिए मैं सारी दास्तान ही आपको सुना देता हूं।

पढ़िए कलिमा लाइलाहा इल्लल्लाह मुहम्मदुर्रसूलुल्लाह–किस काफिर को मालूम था कि मैं लफड़े में फंस जाऊंगा। पिछले हिन्दू-मुस्लिम फ़साद में, मैंने तीन हिन्दू मारे थे। लेकिन आप यकीन मानिए वो मारना कुछ और है, ये मारना कुछ और है। ख़ैर, आप सुनिए कि हुआ क्या, मैंने उस तुका राम को क्यों मारा।

क्यों साहब, औरत जाति से सम्बन्धित आपका विचार क्या है–मैं समझता हूं बुजुर्गों ने ठीक कहा है–उसके 'चलित्रों' से खुदा ही बचाये–फांसी से बच गया तो देखिए कानों को हाथ लगाता हूं। फिर कभी किसी औरत के नज़दीक नहीं जाऊंगा–लेकिन साहब औरत भी अकेली सज़ावार नहीं। मर्द साले भी कम नहीं होते। बस, किसी औरत को देखा और "रेशा ख़त्मी" हो गए। खुदा को जान देनी है। इंस्पेक्टर साहब! रुकमा को देख कर मेरा भी यही हाल हुआ था।

अब कोई मुझसे मूछे...बन्दा-ए-खुदा तो एक पैंतीस रुपये का मुलाज़िम, तुझे भला इश्क़ से क्या काम। किराया वसूल कर और चलता बन। लेकिन आफ़त यह हुई साहब कि एक दिन जब मैं सोलह नम्बर की खोली का किराया वसूल करने गया और दरवाज़ा ठोका तो अन्दर से रुकमा बाई निकली। यों तो मैं रुकमा बाई को कई दफ़ा देख चुका था, लेकिन उस दिन कमबख़्त ने बदन पर तेल मला हुआ था और एक पतली धोती लपेट रखी थी। जाने क्या हुआ मुझे, जी चाहा इसकी धोती उतार कर ज़ोर-ज़ोर से मालिश कर दूं। बस साहब उसी रोज़ से उस बन्दा-ए-नाबकार ने अपना दिल, दिमाग़ सब कुछ उसके हवाले कर दिया।

क्या औरत थी–बदन था पत्थर की तरह सख़्त। मालिश करते-करते हांपने लग गया था मगर वो अपने बाप की बेटी यही कहती रही ''थोड़ी देर और''

शादी-शुदा–जी हां शादी-शुदा थी और ख़ान चौकीदार ने कहा था कि उसका एक यार भी है। लेकिन आप सारा क़िस्सा सुन लीजिए–यार वार सब ही इसमें आ जाएंगे।

जी हां, बस उस रोज़ से इश्क़ का भूत मेरे सर पर सवार हो गया। वो भी कुछ-कुछ समझ गई थी। क्योंकि कभी-कभी कनखियों से मेरी तरफ़ देख कर मुस्कुरा देती थी–लेकिन खुदा गवाह है, जब भी वो मुस्कुराई, मेरे बदन में ख़ौफ़ की एक थरथरी सी दौड़ गई। पहले मैं समझता था कि ये माशूक़ को पास देखने का...वो...है–लेकिन बाद में मालूम हुआ–लेकिन आप शुरू ही से सुनिए।

वह तो मैं आपसे कह चुका हूं कि रुकमा बाई से मेरी आंख लड़ गई थी। अब दिन रात में सोचता था कि उसे पटाया कैसे जाए। कमबख़्त, उसका पति हर वक़्त खोली में बैठा लकड़ी के खिलौने बनाता रहता था, कोई चांस मिलता ही नहीं था।

एक दिन बाज़ार में मैंने उसके पति को जिसका नाम–खुदा आपका भला करे क्या था, जी हां–गिरधारी–लकड़ी के खिलौने चादर में बांध ले जाते देखा तो मैंने झट से सोलह नम्बर की खोली का रुख किया। धड़कते हुए दिल से मैंने दरवाज़े पर दस्तक की। दरवाज़ा खुला। रुकमा बाई ने मेरी तरफ घूर के देखा। खुदा की क़सम मेरी रूह लरज़ गई। भाग गया होता वहां से, लेकिन उसने मुस्कुराते हुए मुझे अन्दर आने का इशारा किया।

जब अन्दर गया तो उसने खोली का दरवाज़ा बन्द कर के मुझ से कहा

: ''बैठ जाओ!'' मैं बैठ गया तो उसने मेरे पास आकर कहा : ''देखो मैं जानती हूं तुम क्या चाहते हो। लेकिन जब तक गिरधारी ज़िन्दा है, तुम्हारी मुराद पूरी नहीं हो सकती।''

मैं उठ खड़ा हुआ। उसे पास देख कर मेरा ख़ून गर्म हो गया था। कनपट्टियां ठक-ठक कर रही थीं। कमबख़्त ने आज भी बदन पर तेल मला हुआ था और वही पतली धोती लपेटे हुए थी। मैंने उसे बाजुओं से पकड़ लिए और दबा कर कहा : ''मुझे कुछ मालूम नहीं। तुम क्या कह रही हो।'' उफ़! उसके बाजुओं के पुट्ठे किस क़द्र सख़्त थे–अर्ज़ करता हूं। मैं बयान नहीं कर सकता कि वो किस किस्म की औरत थी।

ख़ैर, आप दास्तान सुनिए।

मैं और ज़्यादा गर्म हो गया और उसे अपने साथ चिमटा लिया :

''गिरधारी जाए जहन्नुम में–तुम्हें मेरी बनना होगा।''

रुकमा ने मुझे अपने जिस्म से अलग किया और कहा : ''देखो तेल लग जायेगा।'' मैंने कहा : ''लगने दो!'' और फिर उसे अपने सीने के साथ लगा लिया–यक़ीन मानिए अगर उस वक़्त आप मारे कोड़ों के मेरी पीठ की चमड़ी उधेड़ देते, तब भी उसे अलग न करता। लेकिन कम्बख़्त ने ऐसा पुचकारा कि जहां उसने मुझे पहले बैठाया था, ख़ामोश होकर बैठ गया। मुझे मालूम था वो सोच क्या रही है। गिधारी साला बाहर है, डर किस बात का है–थोड़ी देर के बाद जब मुझ से रहा न गया तो मैंने उससे कहा : ''रुकमा! ऐसा अच्छा मौक़ा फिर कभी नहीं मिलेगा।''

उसने बड़े प्यार से मेरे सर पर हाथ फेरा और मुस्कुरा कर कहा : ''इससे भी अच्छा मौक़ा मिलेगा–लेकिन तुम यह बताओ जो कुछ कहूंगी, करोगे।''–साहब मेरे सर पर तो भूत सवार था। मैंने जोश में आकर जवाब दिया : ''तुम्हारे लिए मैं पन्द्रह आदमी क़त्ल करने को तैयार हूं।'' ये सुन कर वो मुस्कुराई : ''मुझे विश्वास है।'' ख़ुदा की क़सम एक बार फिर मेरी रूह लरज़ गई। लेकिन मैंने सोचा शायद ज़्यादा जोश आने पर ऐसा हुआ है।

बस वहां मैं थोड़ी देर और बैठा, प्यार और मुहब्बत की बातें कीं, उसके हाथ के बने हुए भुजिये खाए और चुपके से बाहर निकल आया। गो वो सिलसिला न हुआ, लेकिन साहब ऐसे सिलसिले पहले ही दिन थोड़े होते हैं। मैंने सोचा, फिर सही!

दस दिन गुज़र गए। ग्यारवहें दिन रात के दो बजे। हां, दो ही बजा था–किसी ने मुझे आहिस्ता से जगाया। मैं नीचे सीढ़ियों के पास जो जगह है

न, वहां सोता हूं। आंखें खोल कर मैंने देखा। अरे रुकमा बाई। मेरा दिल धड़कने लगा। मैंने आहिस्ता से पूछा : "क्या है।" उसने हौले से कहा : "आओ मेरे साथ–" मैं नंगे पांव उसके साथ हो लिया। मैंने और कुछ न सोचा और वहीं खड़े-खड़े उसको सीने से चिमटा लिया। उसने मेरे कान में कहा : "अभी ठहरो!" फिर बत्ती रौशन की। मेरी आंखें चुंधिया सी गईं।

थोड़ी देर के बाद मैंने देखा कि सामने चटाई पर कोई सो रहा है। मुंह पर कपड़ा है। मैंने इशारे से पूछा : "ये क्या?" रुकमा ने कहा : "बैठ जाओ।" मैं उल्लू की तरह बैठ गया। वो मेरे पास आई और बड़े प्यार से मेरे सर पर हाथ फेर कर उसने ऐसी बात कही जिसको सुन कर मेरे ओसान ख़ता हो गये–बिल्कुल बर्फ़ हो गया साहब–काटो तो लहू नहीं बदन में–जानते हैं रुकमा ने मुझसे क्या कहा।

पढ़िए कलिमा लाइलाहा इल्लल्लाह मुहम्मदुर्रसूलुल्लाह–मैंने अपनी ज़िन्दगी में ऐसी औरत नहीं देखी–कमबख़्त ने मुस्कुराते हुए मुझ से कहा–"मैंने गिरधारी को मार डाला है।" आप यक़ीन कीजिये उसने अपने हाथों से एक हट्टे कट्टे आदमी को क़त्ल किया था–क्या औरत थी साहब–मुझे जब भी वो रात याद आती है, क़सम ख़ुदावन्द पाक की, रौंगटे खड़े हो जाते हैं। उसने मुझे वो चीज़ दिखाई जिस से उस ज़ालिम ने गिरधारी का गला घोंटा था। बिजली के तारों की गुंधी हुई एक मज़बूत रस्सी-सी थी। लकड़ी फंसा कर उसने ज़ोर से कुछ ऐसे पेंच दिए थे कि बेचारे की ज़बान और आंखें बाहर निकल आई थीं–कहती थी बस यों चुटकियों में काम तमाम हो गया था।

कपड़ा उठा कर जब उसने गिरधारी की शक्ल दिखाई तो मेरी हड्डियां तक बर्फ़ हो गईं। लेकिन वो औरत जाने क्या थी। वहीं लाश के सामने मुझे अपने साथ चिमटा लिया। क़ुरान की क़सम! मेरा ख़्याल था कि सारी उम्र के लिए नामर्द हो गया हूं। मगर साहब जब उसका गर्म-गर्म पिंडा मेरे बदन के साथ लगा और उसने एक अजीबो-ग़रीब क़िस्म का प्यार किया तो अल्लाह जानता है चौदह तबक़ रौशन हो गए। ज़िन्दगी भर वो रात मुझे याद रहेगी–सामने लाश पड़ी थी, लेकिन रुकमा और मैं, दोनों इस से ग़ाफ़िल एक दूसरे के अन्दर धंसे हुए थे।

सुबह हुई तो हम दोनों ने मिल कर गिरधारी की लाश के तीन टुकड़े किए। औज़ार मौजूद थे, इसलिए ज़्यादा तकलीफ़ न हुई। ठक-ठक काफ़ी हुई थी पर लोगों ने समझा होगा गिरधारी खिलौने बना रहा है–आप पूछेंगे

बन्दाए-खुदा तुमने ऐसे घिनावने काम में क्यों हिस्सा लिया।'' पुलिस में रपट क्यों नहीं लिखवाई–साहब, अर्ज ये है कि उस कमबख़्त ने मुझे एक ही रात में अपना गुलाम बना लिया था। अगर वो मुझसे कहती तो शायद मैंने पन्द्रह आदमियों का ख़ून भी कर ही दिया होता। याद है न! मैंने एक दफ़ा उससे जोश में आकर क्या कहा था...

अब मुसीबत यह थी कि लाश को ठिकाने कैसे लगाया जाये। रुकमा कुछ भी हो, आख़िर औरत ज़ात थी। मैंने उससे कहा जानेमन तुम कुछ फिक्र न करो। फिलहाल इन टुकड़ों को ट्रंक में बन्द कर देते हैं, जब रात आएगी तो मैं उठा कर ले जाऊंगा। अब खुदा का करना ऐसा हुआ साहब कि उस रोज़ हुल्लड़ मचा। पांच-छ : इलाकों में ख़ूब मारा-मारी हुई। गवर्नमेंट ने छत्तीस घंटे का कर्फ़्यू लगा दिया। मैंने कहा अब्दुल करीम कुछ भी हो, लाश आज ही ठिकाने लगा दो–चुनांचे दो बजे उठा–ऊपर से ट्रंक लिया। खुदा की पनाह! कितना वज़न था। मुझे डर था रास्ते में कोई पीली पगड़ी वाला ज़रूर मिलेगा और कर्फ़्यू आर्डर के उल्लंघन में पकड़ा जाऊँगा। मगर साहब, जिसे अल्लाह रखे उसे कौन चखे। जिस बाज़ार से गुज़रा, उसमें सन्नाटा था। एक जगह–बाज़ार के पास मुझे एक छोटी-सी मस्जिद नज़र आई। मैंने ट्रंक खोला और लाश के टुकड़े निकाल कर अन्दर ड्योढ़ी में डाल दिये और वापस चला आया।

कुर्बान उसकी कुदरत के! सुबह पता चला कि हिन्दुओं ने उस मस्जिद को आग लगा दी। मेरा ख़्याल है गिरधारी उसके साथ ही जल कर राख हो गया होगा। क्योंकि अख़बारों में किसी लाश का ज़िक्र नहीं था। अब साहब, लोगों के अनुसार मैदान ख़ाली था। मैंने रुकमा से कहा चाली में मशहूर कर दो कि गिरधारी बाहर काम पर गया है। मैं रात को दो ढ़ाई बजे आ जाया करूंगा और ऐश किया करेंगे। मगर उसने कहा नहीं अब्दुल, इतनी जल्दी नहीं। अभी हमको कम अज़ कम पन्द्रह बीस रोज़ तक नहीं मिलना चाहिए। बात माकूल थी, इसलिये में ख़ामोश रहा।

सत्रह दिन बीत गए–कई बार डरावने ख़्वाबों में गिरधारी आया। लेकिन मैंने कहा–साले मर खप चुका है। अब मेरा क्या बिगाड़ सकता है। अठारहवीं रोज़ साहब मैं इसी तरह सीढ़ियों के पास चारपाई पर सो रहा था कि रुकमा रात के बारह-बारह नहीं तो एक होगा, आई और मुझे ऊपर ले गई।

चटाई पर नंगी लेट कर उसने मुझसे कहा : "अब्दुल मेरा बदन दुख रहा है, ज़रा चम्पी कर दो।''

मैंने तुरंत तेल लिया और मालिश करने लगा लेकिन आधे घंटे में ही हांपने लगा। मेरे पसीने की कई बूंदें उसके चिकने बदन पर गिरी। लेकिन उसने ये न कहा, बस कर अब्दुल। तुम थक गए हो, आख़िर मुझे ही कहना पड़ा। रुकमा भई, अब ख़लास–वो मुस्कुराई–मेरे ख़ुदा, क्या मुस्कुराहट थी। थोड़ी देर दम लेने के बाद मैं चटाई पर बैठ गया। उसने उठ कर बत्ती बुझाई और मेरे साथ लेट गई। चम्पी कर-कर के मैं इतना थक गया था कि किसी चीज़ का होश न रहा। रुकमा के सीने पर हाथ रखा और सो गया।

जाने क्या बजा था। मैं एकदम हड़बड़ा के उठा। गर्दन में कोई सख़्त-सख़्त सी चीज़ घंस रही थी। तुरंत मुझे इस तार वाली रस्सी का ख़्याल आया लेकिन इससे पहले कि मैं अपने आपको छुड़ाने की कोशिश कर सकूं, रुकमा मेरी छाती पर चढ़ बैठी। एक दो ऐसे मरोड़े दिये कि मेरी गर्दन कड़-कड़ बज उठी। मैंने शोर मचाना चाहा, लेकिन आवाज़ मेरे पेट में रही। इसके बाद मैं बेहोश हो गया।

मेरा ख़्याल है चार बजे होंगे। धीरे-धीरे मुझे होश आना शुरू हुआ। गर्दन में बहुत ज़ोर का दर्द था। मैं वैसे ही दम साधे पड़ा रहा और हौले-हौले हाथ से रस्सी के मरोड़े डालने शुरू किए–एकदम आवाज़ें आने लगीं। मैंने सांस रोक लिया। कमरे में घुप अंधेरा था। आंखें फाड़-फाड़ कर देखने की कोशिश की पर कुछ नज़र न आया। जो आवाज़ें आ रही थीं, उनसे मालूम होता था दो आदमी कुश्ती लड़ रहे हैं, रुकमा हांप रही थी–हांपते-हांपते उसने कहा : "तुका राम! बत्ती जला दो"–तुकाराम ने डरते हुए लहजे में कहा : "नहीं-नहीं रुकमा नहीं–" रुकमा बोली–"बड़े डरपोक हो। सुबह इसके तीन टुकड़े कर के ले़जाओगे कैसे।" मेरा बदन बिल्कुल ठंडा हो गया। तुकराम ने क्या जवाब दिया, रुकमा ने फिर क्या कहा, इसका मुझे कुछ होश नहीं। पता नहीं कब एक दम रौशनी हुई और मैं आंखें झपका उठ बैठा। तुकाराम के मुंह से ज़ोर की चीख निकली और वो दरवाज़ा खोल कर भाग गया। रुकमा ने जल्दी से किवाड़ बन्द किए और कुंडी चढ़ा दी–साहब मैं आप से क्या बयान करूं, मेरी हालत क्या थी। आंखें खुली थीं। देख रहा था। सुन रहा था। लेकिन हिलने-डुलने की बिल्कुल शक्ति नहीं थी।

ये तुकाराम मेरे लिए कोई नया आदमी नहीं था। हमारी चाली में अक्सर आम बेचने आया करता था। रुकमा ने उसको कैसे फंसाया, इसकी मुझे जानकारी नहीं।

रुकमा मेरी तरफ़ घूर-घूर कर देख रही थी जैसे उसको अपनी आंखों

पर यक़ीन नहीं। वो मुझे मार चुकी थी, लेकिन मैं उसके सामने ज़िन्दा बैठा था। वो मुझ पर झपटने को थी कि दरवाज़े पर दस्तक हुई और बहुत से आदमियों की आवाज़ें आईं। रुकमा ने झट से मेरा बाज़ू पकड़ा और घसीट कर मुझे ग़ुसलख़ाने के अन्दर डाल दिया। इसके बाद उसने दरवाज़ा खोला, पड़ोस के आदमी थे। उन्होंने रुकमा से पूछा : "ख़ैरियत है। अभी-अभी हमने चीख़ की आवाज़ सुनी थी।" रुकमा ने जवाब दिया : "ख़ैरियत है। मुझे सोते में चलने की आदत है-दरवाज़ा खोल कर बाहर निकली तो दीवार के साथ टकरा गई और डर कर मुंह से चीख़ निकल गई। पड़ोस के आदमी ये सुन कर चले गये। रुकमा ने किवाड़ बन्द किए और कुंडी चढ़ा दी। अब मुझे अपनी जान की फ़िक्र हुई-आप यक़ीन मानिए ये सोच कर कि वो ज़ालिम मुझे ज़िन्दा नहीं 'छोड़ेगी, एकदम मेरे अन्दर मुक़ाबले की बेपनाह ताक़त आ गई। बल्कि मैंने इरादा कर लिया कि रुकमा के टुकड़े-टुकड़े कर दूंगा। ग़ुसलख़ाने से बाहर निकला तो देखा कि वो बड़ी खिड़की के पट खोले बाहर झांक रही है। मैं एकदम लपका। चूतड़ों पर से ऊपर उठाया और बाहर ढकेल दिया। ये सब चुटकियों में हुआ। घप सी आवाज़ आई और मैं दरवाज़ा खोल कर नीचे उतर गया। सारी रात मैं चारपाई पर लेटा अपनी गर्दन पर जो बहुत बुरी तरह ज़ख़्मी हो रही थी-आप निशान देख सकते हैं-तेल मल-मल कर सोचता रहा कि किसी को पता नहीं चलेगा। उसने पड़ोसियों से कहा था कि उसे सोते में चलने की आदत है। मकान के उस तरफ़ जहां मैंने उसे गिराया था। अब उसकी लाश देखी जायेगी तो लोग यही समझेंगे कि सोते में चली है और खिड़की से बाहर गिर पड़ी है-ख़ुदा-ख़ुदा करके सुबह हुई। गर्दन पर मैंने रूमाल बांध लिया था ताकि ज़ख़्म दिखाई न दें। नौ बज गये, बारह हो गये। मगर रुकमा की लाश की कोई बात ही न हुई। जिधर मैंने उसको गिराया था एक तंग गली है। दो बिल्डिंगों के दर्मियान दो तरफ़ दरवाज़े हैं ताकि लोग अंदर दाख़िल होकर पेशाब पाख़ाना न करें। फिर भी दो बिल्डिंगों की खिड़कियों में से फेंका हुआ कचरा काफी जमा हो जाता है जो हर रोज़ सुबह सवेरे भंगन उठाकर ले जाती है। मैंने सोचा शायद भंगन नहीं आई। आई होती तो उसने दरवाज़ा खोलते ही रुकमा की लाश देखी होती और शोर कर दिया होता। क़िस्सा किया था! मैं चाहता था कि लोगों को जल्द इस बात का पता चल जाये। दो बज गये तो मैंने जी कड़ा कर के ख़ुद ही दरवाज़ा खोला। लाश थी न कचरा। रुकमा गई कहां-क़ुरान की क़सम खाकर कहता हूं मुझे इस फांसी के फन्दे से बच निकलने का इतना ताज्जुब नहीं होगा। जितना कि रुकमा क़े ग़ायब होने का

है। तीसरी मंज़िल से मैंने उसे गिराया था, पत्थरों के फर्श पर। बची कैसे होगी–लेकिन फिर सवाल है कि उसकी लाश कौन उठा कर ले गया। अक़्ल नहीं मानती, लेकिन साहब कुछ पता नहीं वो डाइन ज़िंदा ही हो–चाली में तो यही मशहूर है कि या तो किसी मुसलमान ने घर डाल लिया है या मार डाला है–मार डाला तो अच्छा किया है, घर डाल लिया है तो जो हश्र उस ग़रीब का होगा आप जानते ही हैं–खुदा बचाये साहब!

अब तुकाराम की बात सुनिये। इस वाक़िये के ठीक बीस रोज़ बाद वो मुझ से मिला और पूछने लगा : "बताओ! रुकमा कहां है"–मैंने कहा : "मुझे कुछ जानकारी नहीं।" कहने लगा : "नहीं, तुम जानते हो!"–बोला, "नहीं, तुम झूठ बोलते हो। तुमने उसे मार डाला है। मैं पुलिस में रपट लिखवाने वाला हूं कि पहले तुमने गिरधारी को मारा फिर रुकमा को–" ये कहकर वह चला तो गया। लेकिन साहब मेरे पसीने छुट गए। बहुत देर तक कुछ समझ में नहीं आया क्या करूं। एक ही बात सूझी कि उसको ठिकाने लगा दूं–आप ही सोचिए इसके इलावा और इलाज भी क्या था। चुनांचे साहब उसी वक़्त छुप कर छुरी तेज़ की और तुकाराम को ढूंढने निकल पड़ा–इत्तेफ़ाक़ की बात है शाम को छ : बजे वो मुझे–स्ट्रीट के नाके पर मूत्री के पास मिल गया। मौसमियों की ख़ाली टोकरी बाहर रख कर वो पेशाब करने के लिए अन्दर गया। मैं भी लपक कर उसके पीछे। धोती खोल ही रहा था कि मैंने ज़ोर से पुकारा : "तुकाराम–" पलट कर उसने मेरी तरफ़ देखा। छुरी मेरे हाथ ही में थी। एकदम उसके पेट में भोंक दी। उसने दोनों हाथों से अपनी बाहर निकलती हुई अँतड़ियां थामीं और दोहरा हो गिर पड़ा। चाहिए तो ये था कि बाहर निकल कर नौ-दो-ग्यारह हो जाता मगर मेरी बेवक़ूफ़ी देखिए। बैठ कर उसके नब्ज़ देखने लगा कि मरा है या नहीं। मैंने इतना सुना है कि नब्ज़ होती है, अंगूठे की तरफ़ या दूसरी तरफ़, ये मुझे मालूम नहीं था। चुनांचे ढूंढते-ढूंढते देर लग गई। इतने में एक कांस्टेबल पतलून के बटन खोलते-खोलते अन्दर आया और धर लिया गया। बस साहब ये है पूरी दास्तान–पढ़िए कलिमा लाइला-ह-इल्लल्लाह मुहम्मदुर्रसूलुल्लाह! जो मैंने रत्ती भर भी झूठ बोला हो।

ढारस

आज से ठीक आठ बरस पहले की बात है।

हिन्दू सभा कॉलेज के सामने जो ख़ूबसूरत शादी घर है उसमें हमारे दोस्त 'बशेशर' नाथ की बरात ठहरी हुई थी। तक़रीबन तीन साढ़े तीन सौ के क़रीब मेहमान थे जो अमृत्सर और लाहौर की नामवर तवाइफों का मुजरा सुनने के बाद इस बड़ी इमारत के अलग-अलग कमरों में फर्श पर या चारपाइयों पर गहरी नीन्द सो रहे थे।

चार बज चुके थे। मेरी आंखों में बशेशर नाथ के साथ एक अलग कमरे में ख़ास-ख़ास दोस्तों की मौजूदगी में पी हुई विस्की का खुमार अभी तक बाक़ी था। जब हाल के क्लाक ने चार बजाये तो मेरी आंख खुली। शायद कोई ख़्वाब देख रहा था। क्योंकि पलकों में कुछ चीज़ फंसी-फंसी मालूम होती थी।

एक आंख बन्द करके, इस ख़्याल से कि दूसरी आंख अभी कुछ देर सोती रहे, मैंने हाल के फर्श पर नज़र दौड़ाई। सब सो रहे थे। कुछ औंधे कुछ सीधे। मैंने अब दूसरी आंख खोली और देखा। रात को पीने के बाद हम हाल में आकर लेटे थे तो असग़र अली ने ज़िद की थी कि वो गाव तकिया लेकर सोयेगा। गाव तकिया मेरे सर से कुछ फ़ासले पर पड़ा था मगर असग़र मौजूद नहीं था।

मैंने सोचा, रोज़ की तरह रात भर जागता रहा है और इस वक़्त यहां से बहुत दूर रामबाग़ में किसी मामूली 'टिखियाई' के मैले बिस्तर पर सो रहा है।

असग़र अली के लिए शराब देसी हो या अंग्रेज़ी, एक तेज़ गाड़ी थी जो उसे फ़ौरन औरत की तरफ़ खींच कर ले जाती थी। शराब पीने के बाद यों

तो निनानवे प्रतिशत मर्दों को ख़ूबसूरत चीज़ें अपनी तरफ़ खींचता हैं, लेकिन असग़र जो निहायत अच्छा फोटो ग्राफ़र और पेंटर था...जो रंगों और लकीरों का सही इस्तेमाल जानता था, शराब पीने के बाद हमेशा निहायत ही भोंडी तस्वीर पेश किया करता था।

मेरी पलकों में फंसे हुए ख़्वाब के टुकड़े निकल गये और मैंने असग़र अली के मुताल्लिक़ सोचना शुरू कर दिया जो ख़्वाब नहीं था। उसके लम्बे बालों वाले वज़नी सर का दबाव गाव तकिये पर मुझे साफ नज़र आ रहा था।

कई बार ग़ौर करने के बावजूद मैं समझ न सका था कि शराब पी कर असग़र का दिल और दिमाग़ स्थिर क्यों हो जाता है। स्थिर तो नहीं कहना चाहिए क्योंकि वो ख़ौफ़नाक तौर पर जागता था और अंधेरी से अंधेरी गलियों में भी रास्ता तलाश करता। वो लड़खड़ाते हुए क़दमों से किसी न किसी जिस्म बेचने वाली औरत के पास पहुंच जाता। उसके गन्दे बिस्तर से उठ कर जब वो सुबह नहा-धोकर अपने स्टूडियो पहुंचता और साफ़-सुथरी, तन्दुरुस्त जवान और ख़ूबसूरत लड़कियों और औरतों की तस्वीरें उतारता तो उसकी आंखों में हैवानियत की हल्की सी झलक भी न होती जो शराबी हालत में हर देखने वाले को नज़र आ सकती थीं।

यक़ीन मानिये शराब पीकर वो सख़्त बेचैन हो जाता था। उसके दिमाग़ से 'खुराफात' कुछ समय के लिए बिल्कुल बन्द हो जाती थी। आदमी कितना पी सकता है। छ : सात, आठ पैग...मगर इस घातक पदार्थ के छ : या सात घोंट उसे 'शहवत' के अथाह समुन्द्र में धकेल देते थे।

आप व्हिस्की में सोडा या पानी मिला सकते हैं, लेकिन औरत को उसमें 'हल' करना कम से कम मेरी समझ में नहीं आता। शराब पी जाती है। ग़म ग़लत करने के लिए...औरत कोई ग़म तो नहीं। शराब पी जाती है। शोर मचाने के लिए...औरत कोई शोर तो नहीं।

रात असग़र ने शराब पीकर बहुत शोर माचाया। शादी ब्याह पर चूंकि वैसे ही काफ़ी हंगामा होता है। इसलिए ये शोर दब गया वर्ना मुसीबत पैदा हो जाती। एक बार व्हिस्की से भरा हुआ गिलास उठाकर ये कहते हुए कमरे से बाहर निकल गया : ''मैं बहुत ऊंचा आदमी हूं...ऊंची जगह पर बैठ कर पियूंगा।''

मेरा ख़्याल था कि राम बाग़ में किसी ऊंचे कोठे की तलाश में चला गया है। लेकिन थोड़ी ही देर के बाद जब दरवाज़ा खुला तो वो लकड़ी की सीढ़ी लिए अन्दर दाख़िल हुआ और उसे दीवार के साथ लगा कर सबसे असर वाले

डंडे पर बैठ गया और छत से सर लगा कर पीने लगा।

बड़ी मुश्किलों के बाद मैंने और बशेशर ने उसे नीचे उतरा और समझाया कि ऐसी हरकतें सिर्फ उस वक़्त अच्छी लगती हैं जब कोई और मौजूद न हो, शादी-घर मेहमानों से खचाखच भरा हुआ है, उसे ख़ामोश रहना चाहिए। मालूम नहीं कैसे ये बात उसके दिमाग़ में बैठ गई। क्योंकि जब तक पार्टी जारी रही वो एक कोने में चुपचाप बैठा अपने हिस्से का व्हिस्की पीता रहा।

ये सोचते हुए मैं उठा और बाहर बालकनी में जा खड़ा हो गया। सामने हिन्दू सभा कालेज की लाल-लाल ईंटों वाली इमारत सुबहं के ख़ामोश अंधियारे में लिपी हुई थी। आसमान की तरफ देखा तो कई तारे मटियाले आसमान में कांपते हुए नज़र आए।

मार्च के आख़िरी दिनों की ठण्डी हवा धीरे-धीरे चल रही थी। मैंने सोचा चलो ऊपर चलें। खुली जगह है, कुछ देर मर-मर के बने हुए शहनशीन पर लेटेंगे। सर्दी महसूस होने पर बदन में जो तेज़-तेज़ झुर्रियां पैदा होंगी, उनका मज़ा आएगा।

लम्बा बरामदा तय करके जब मैं सीढ़ियों के पास पहुंचा तो ऊपर से किसी के उतरने की आवाज़ आई। कुछ देर के बाद असग़र नमूदार हुआ और मुझसे बात किए बिना पास से गुज़र गया। अंधेरा था मैंने सोचा शायद उसने मुझे देखा नहीं। चुनांचे मैंने आहिस्ता-आहिस्ता सीढ़ियों पर चढ़ना शुरू किया।

मेरी आदत है, जब कभी मैं सीढ़ियां चढ़ता हूं तो उसके ज़ीने ज़रूर गिनता हूं। मैंने दिल में चौबीस कहा, और उसी क्षण मुझे आख़री ज़ीने पर एक औरत खड़ी नज़र आई। मैं बोखला गया क्योंकि क़रीब-क़रीब हम दोनों एक दूसरे से टकरा गये थे।

"माफ कर दीजियेगा...ओह, आप!"

औरत शारदा थी। हमारी पड़ोसन हरनाम कौर की बड़ी लड़की जो शादी के एक बरस बाद ही विधवा हो गई थी। इससे पहले कि मैं उससे कुछ और कहूं उसने मुझसे बड़ी तेज़ी से पूछा : "ये कौन था जो अभी नीचे गया है?"

"कौन?"

"वही आदमी जो अभी नीचे उतर कर गया है...क्या आप उसे जानते हैं।"

"जानता हूं!"

"कौन है?"

"असग़र!"

"असग़र!" उसने ये नाम अपने दांतों के अन्दर जैसे काट दिया और मुझे, जो कुछ भी हुआ था इसका इल्म हो गया।

"क्या उसने कोई बदतमीज़ी की है।"

"बदतमीज़ी!" शारदा का दोहरा जिस्म गुस्से से कांप उठा : "लेकिन मैं कहती हूं उसने मुझे समझा क्या..." ये कहते हुए उसकी छोटी-छोटी आंखों में आंसू आ गये। "उसने...उसने..." उसकी आवाज़ कंठ में फंस गई और दोनों हाथों से मुंह ढांप कर उसने ज़ोर-ज़ोर से रोना शुरू कर दिया।

मैं अजीब उलझन में फंस गया। सोचने लगा अगर रोने की आवाज़ सुन कर कोई ऊपर आ गया तो एक हंगामा बरपा हो जायेगा। शारदा के चार भाई हैं और चारों के चारों शादी घर में मौजूद हैं। उनमें से दो तो हर वक्त दूसरों से लड़ाई का बहाना ढूंढते रहते हैं। असग़र अली की अब ख़ैर नहीं।

मैंने उसको समझाना शुरू किया : "देखिये, आप रोइये नहीं...कोई सुन लेगा।"

एकदम दोनों हाथ अपने मुंह से हटा कर उसने तेज़ आवाज़ में कहा : "सुन ले...मैं सुनाना ही जो चाहती हूं...मुझे आख़िर उसने समझा क्या था... बाज़ारी औरत...मैं...मैं..."

आवाज़ फिर उसके कंठ में अटक गई।

"मेरा ख़्याल है इस मामले को यहीं दबा देना चाहिए।"

"क्यों?"

"बदनामी होगी।"

"किसकी...मेरी या उसकी?"

"बदनामी तो उसकी होगी लेकिन कीचड़ में हाथ डालने का फ़ायदा ही क्या है।"

यह कहकर अपना रूमाल निकाल कर उसे दिया : "लीजिए आंसू पोंछ लीजिये।"

रूमाल फर्श पर पटक कर वो 'शहनशीन' पर बैठ गई। मैंने रूमाल उठा कर अपनी जेब में रख लिया।

"शारदा देवी! असग़र मेरा दोस्त है। उससे जो ग़लती हुई है, मैं उसकी माफ़ी चाहता हूं।"

"आप क्यों माफ़ी मांगते हैं?"

''इसलिए कि मैं ये मामला रफ़ा-दफ़ा करना चाहता हूं। वैसे आप कहें तो मैं उसे यहां ले आता हूं। वो आपके सामने नाक से लकीरें भी खींच देगा।''

नफ़रत से उसने अपना मुंह फेर लिया : ''नहीं...उसको मेरे सामने मत लाइयेगा...उसने मेरा अपमान किया है।'' ये कहते हुए फिर उसका गला रूंध गया, और शह-नशीन की मरमरी सिल पर कोहनियों के बल दोहरी होकर उसने ज़ख़्मी जज़्बात के उठते हुए फव्वारे को दबाने की नाकाम कोशिश की।

मैं बौखला गया...एक जवान और तन्दुरूस्त औरत मेरे सामने रो रही थी और मैं उसे चुप नहीं करा सकता था। एक बार उसी असग़र की मोटर चलाते-चलाते, मैंने उस कुत्ते को बचाने के लिए हार्न बजाया...शामते-आमाल ऐसा हाथ पड़ा कि हार्न की आवाज़...एक न ख़त्म होने वाला शोर बन के रह गई। हज़ार कोशिश कर रहा हूं कि हार्न बन्द हो जाये मगर वो पड़ा चिल्ला रहा है। लोग देख रहे हैं और मैं मुजस्सम बेचारगी बना बैठा हूं।

खुदा का शुक्र है कोठे पर मेरे और शारदा के सिवा और कोई नहीं था। लेकिन मेरी बेचारगी कुछ इस हार्न वाले मामले से सिवा थी। मेरे सामने एक औरत रो रही थी जिसको बहुत दुख पहुंचा था।

कोई और औरत होती तो मैं थोड़ी देर अपना फ़र्ज़ अदा करने के बाद चला जाता, मगर शारदा हमसाई की लड़की थी और मैं उसे बचपन से जानता था।

बड़ी अच्छी लड़की थी। अपनी तीन छोटी बहनों के मुक़ाबले में कम ख़ूबसूरत मगर बहुत ज़हीन। क्रूशिए और सिलाई के काम में तेज़ और कम बोलने वाली। जब पिछले शादी के ऐन साढ़े ग्यारह महीनों पहले उसका शौहर रेल के हादसे में मर गया था तो हम सब घर वालों को बहुत अफ़सोस हुआ था।

शौहर की मौत का सदमा कुछ और ही है, मगर ये सदमा जो शारदा, को मेरे एक वाहियात दोस्त ने पहुंचाया था, ज़ाहिर है कि उसकी 'हरकत' बिल्कुल अलग और तकलीफ़ पहुंचाने वाली थी।

मैंने उसको चुप कराने की एक बार और कोशिश की। शहे-नशीन उसके पास बैठ कर मैंने उससे कहा : ''शारदा, यों रोये जाना ठीक नहीं। जाओ! नीचे चली जाओ और जो कुछ हुआ है, उसको भूल जाओ...वो कमबख़्त शराब पीये हुए था। वर्ना यक़ीन जानो इतना बुरा आदमी नहीं। शराब पीकर जाने क्या हो जाता है उसे।''

शारदा का रोना बन्द न हुआ।

मुझे मालूम था असग़र का क्या होगा, क्योंकि आम मर्दों का एक ही तरीक़ा होता है, जिस्मानी। लेकिन फिर भी मैं खुद शारदा के मुंह से सुनना चाहता था कि असग़र ने किस तौर पर ये बेहूदगी की। चुनांचे मैंने उसे हमदर्दाना लहजे में उससे कहा : "मालूम नहीं उसने तुमसे क्या बदतमीज़ी की है, लेकिन कुछ न कुछ मैं समझ सकता हूं...तुम ऊपर क्या करने आई थीं।

शारदा ने लरज़ती हुई आवाज़ में कहा : "मैं नीचे कमरे में सो रही थी, दो औरतों ने मेरे मुताल्लिक़ बातें शुरू कर दीं।"

आवाज़ एकदम उसके गले में रूंध गई।

मैंने पूछा। "क्या कह रही थीं?"

शारदा ने अपना मुंह मरमरी सिल पर रख दिया और बहुत ज़ोर से रोने लगी।

मैंने उसके चौड़े कंधों पर हौले-हौले थपकी दी :

"चुप कर जाओ शारदा...चुप कर जाओ।"

रोते-रोते हिचकियों के दर्मियान उसने कहा : "वो कहती थीं...वो कहती थीं...इस विधवा को यहां क्यों बुलाया गया है।"

विधवा कहते हुए शारदा ने अपने आंसुओं भरे दुपट्टे का एक कोना मुंह में चबा लिया : "ये सुन कर मैं रोने लगी और ऊपर चली आई...और...और....

ये सुन कर मुझे भी शदीद दुख हुआ...औरतें भी कितनी ज़ालिम होती हैं। ख़ास तौर पर बूढ़ी। ज़ख़्म ताज़ा हों, या पुराने क्या मज़ा ले लेकर कुरेदती हैं। मैंने शारदा का हाथ अपने हाथ में लिया और पुरखुलूस हमदर्दी से दबाया : "ऐसी बातों की बिल्कुल परवा नहीं करनी चाहिए।"

वो बच्चे की तरह बिलकने लगी : "मैंने ऊपर आकर यही सोचा था और सो गई थी...कि आपका दोस्त आया और उसने मेरा दुपट्टा खींचा और. ..और मेरे कुरते के बटन खोल कर..."

उसके कुरते के बटन खुले हुए थे।

"जाने दो शारदा। भूल जाओ जो कुछ हुआ।" मैंने जेब से रूमाल निकाला और उसके आंसू पोंछने शुरू किए।

दोपट्टे का कोना अभी तक उसके मुंह में था, बल्कि उसने कुछ और ज़्यादा अन्दर चबा लिया था। मैंने खींच कर बाहर निकाल लिया। उस गीले हिस्से को उसने अपनी उंगलियों पर लपेटते हुए बड़े दुख से कहा : "आपके दोस्त ने विधवा समझ कर ही मुझ पर हाथ डाला होगा। सोचा होगा इस औरत का कौन है।"

"नहीं-नहीं शारदा, नहीं।" मैंने उसका सर अपने कंधे से लगा लिया। जो कुछ उसने सोचा, जो कुछ उसने किया लानत भेजो उस पर...चुप हो जाओ।"

जी चाहा कि लोरी देकर उसको सुला दूं।

मैंने उसकी आंखें खुश्क की थीं लेकिन आंसू फिर उबल आए थे। दुपट्टे का कोना जो उसने फिर मुंह में चबा लिया था, मैंने निकाल कर उंगलियों से उसके आंसू पोछे और दोनों आंखों को हौले-हौले चूम लिया।

"बस अब नहीं रोना।"

शारदा ने अपना सर मेरे सीने से साथ लगा दिया। मैंने धीरे-धीरे उसके गाल थपकाए : "बस, बस, बस।"

थोड़ी देर के बाद जब मैं नीचे उतरा तो मार्च के आख़िरी दिनों की ठण्डी हवा में, शह-नशीन की मरमरी सिल पर, असग़र की बेहूदगी को भूल कर शारदा अपना मलमल का दोपट्टा ताने ख़ुद को बिल्कुल हल्की महसूस कर रही थी...उसके सीने में आवेश के बजाये अब सुकून था।

चुग़द

लड़के और लड़कियों के प्रेम का ज़िक्र हो रहा था। प्रकाश जो बहुत देर से ख़ामोश बैठा अन्दर ही अन्दर बहुत शिद्दत से सोच रहा था, एक दम फट पड़ा : "सब बकवास है, सौ मैं से निन्यानवे प्रेम निहायत ही भोण्डे, लचर और बेहूदा तरीक़ों से अमल में आते हैं। एक बाक़ी रह जाता है, इसमें आप अपनी शायरी रख लीजिये या आप अपनी ज़हानत भर दीजिये- मुझे हैरत है। तुम सब तजुर्बाकार हो। आदमी के मुक़ाबले में ज़्यादा समझदार हो। जो हक़ीक़त है, तुम्हारी आंखों से ओझल भी नहीं। फिर ये क्या हिमाक़त है कि तुम बराबर इस बात पर ज़ोर दिए जा रहे हो कि औरत का ध्यान बटाने के लिए नर्मो-नाज़ुक शायरी, ख़ूबसूरत शक्ल और अच्छे लिबास, इतर, और जाने किस-किस ख़ुराफ़ात की ज़रूरत है और मेरी समझ से ये चीज़ तो बिल्कुल बालातर है कि औरत से इश्क लड़ाने से पहले तमाम पहलू सोच कर एक स्कीम बनाने की क्या ज़रूरत है।

चौधरी साहब ने जवाब दिया : "हर काम करने से पहले आदमी को सोचना पड़ता है।"

प्रकाश ने फ़ौरन ही कहा : "मानता हूं। लेकिन ये इश्क़ लड़ाना मेरे नज़दीक बिल्कुल काम नहीं–ये एक–ये एक–भई तुम क्यों ग़ौर नहीं करते। कहानी लिखना एक काम है। इसे शुरू करने से पहले सोचना ज़रूरी है। लेकिन इश्क़ को आप काम कैसे कह सकते हैं–ये एक–ये एक–मेरा मतलब है, इश्क मकान बनाना नहीं जो आपको पहले नक़्शा बनवाना पड़े–एक लड़की या औरत अचानक आपके सामने आती है। आपके दिल में कुछ गड़बड़ सी होती है। फिर ये ख़्वाहिश पैदा होती है कि वो साथ लेटी हो। उसे

आप काम कहते हैं–ये एक–ये एक हैवानी तलब है जिसे पूरा करने के लिये हैवानी तरीक़े ही इस्तेमाल करनी चाहिए। जब एक कुत्ता, कुतिया से इश्क़ लड़ाना चाहता है तो वो बैठ कर स्कीम तैयार नहीं करता। इसी तरह सांड जब बू सूंघ कर गाय के पास जाता है तो उसे बदन पर इतर लगाना नहीं पड़ता–बुनियादी तौर पर हम सब हैवान हैं। इसलिए इश्को-मुहब्बत में जो दुनिया की सबसे पुरानी तलब है, इंसानियत का ज़्यादा दख़ल नहीं होना चाहिए।''

मैंने कहा : ''तो इसका ये मतलब हुआ कि शेरो-शायरी, मुसव्विरी, सनम-तराशी ये सब फुनूने लतीफ़ा महज़ बेकार हैं?''

प्रकाश ने सिगरेट सुलगाया ओर अपना जोश इस्तेमाल करते हुए कहा : ''महज़ बेकार नहीं–मैं समझ गया तुम क्या कहना चाहते हो, तुम्हारा मतलब यह था कि फुनूने लतीफ़ा के वजूद का कारण औरत है, फिर ये बेकार कैसे हुए। असल बात ये है कि उनके वजूद का कारण खुद औरत नहीं है, बल्कि मर्द भी औरत के मुताल्लिक़ सोचता है तो और सब कुछ भूल जाता है। वो चाहता है कि औरत को औरत न समझे–औरत को महज़ समझने से उसके जज़्बात को ठेस पहुंचती है, चुनांचे वो चाहता है कि उसे ख़ूबसूरत से ख़ूबसूरत रूप में देखे। यूरोपी देशों में जहां औरतें फ़ैशन की दिलदादा हैं, उनसे जाकर पूछो कि उनके बालों, उनके कपड़ों, उनके जूतों के नए-नए फ़ैशन कौन ईजाद करता है।''

चौधरी ने अपने ख़ास अंदाज़ में प्रकाश के कंधे पर हौले से तमांचा मारा; ''तुम बहक गये हो यार–जूतों के डीज़ाइन कौन बनाता है, सांड गाय के पास जाता है तो उसे खुशबू लगाना नहीं पड़ता। यहां बातें हो रही थीं कि लड़कों और लड़कियों के वही रोमाना कामियाब होते हैं जो शरीफ़ाना खुतूत पर शुरू हों।''

प्रकाश के होठों के कोने व्यंग्य से सिकुड़ गये : ''चौधरी साहब क़िबला आप बिल्कुल बकवास करते हैं। शराफ़त को रखिए आप अपने सिगरेट के डब्बे में, और ईमान से कहिए वो लौंडिया जिसके लिए आप पूरा एक बरस रूमालों में बेहतरीन खुशबू लगा कर स्कीमें बनाते रहे, क्या आपको मिल गई थी?''

चौधरी साहब ने किसी क़दर खिसियाने होकर जवाब दिया : ''नहीं''

''क्यों?''

''वो...वो किसी और से मुहब्बत करती थी।''

"किस से...किस उल्लू के पट्ठे से...एक फेरी वाले बज़ाज़ से जिसको न तो ग़ालिब के शेर याद थे न कृश्नचन्द्र के अफ़्साने। जो आपके मुक़ाबले में खुशबू लगे रूमाल से नहीं बल्कि अपने मैले तहमद से नाक साफ़ करता था।" प्रकाश हंसा। "चौधरी साहब क़िबला, मुझे याद है आप बड़ी मुहब्बत से उसे खत लिखा करते थे। उनमें आसमान के तमाम तारे नोच कर आपने चिपका दिए। चांद की सारी चांदनी समेट कर उनमें फैला दी। मगर उस फेरी वाले बज़ाज़ ने आपकी लौंडिया को जिसकी ज़ेहनी रिफ़अत के आप हर वक़्त गीत गाते थे, जिसकी नफ़ासत पसंद तबीयत पर आप मर मिटे थे, एक आंख मार कर अपने थानों की गठरी में बांधा और चलता बना...इसका जवाब है आपके पास?

चौधरी मिनमिनाया : "मेरा ख़्याल है जिन खुतूत पर मैं चल रहा था, ग़लत थे। उसका मनोवैज्ञानिक अध्ययन भी जो मैंने किया था दुरुस्त साबित न हुआ।"

प्रकाश मुस्कुराया : "चौधरी साहब क़िबला! जिन खुतूत पर आप चल रहे थे, यक़ीनन ग़लत थे। उसका मनोवैज्ञानिक अध्ययन भी आपने किया था, शत प्रतिशत लगता था। और जो कुछ आप कहना चाहते हैं वो भी ठीक नहीं है। इसलिए कि आपको मनौवैज्ञानिक अध्ययन की ज़हमत उठानी ही नहीं चाहिए थी। नोटबुक निकाल कर उसमें लिख लीजिये कि सौ में सौ मक्खियां शहद की तरफ़ भागी आऐंगी और सौ में निन्यानवे लड़कियां भौंडेपन से माइल होंगी।"

प्रकाश के लहजे में एक ऐसा तंज़ था जिसका रुख़ चौधरी की तरफ़ इतना नहीं था जितना खुद प्रकाश की तरफ़ था।

चौधरी ने सर को जुंबिश दी और कहा : "तुम्हारा फलसफ़ा मैं कभी नहीं समझ सकता। आसान बात को तुमने मुश्किल बना दिया है। तुम आर्टिस्ट हो और नोटबुक निकाल कर यह भी लिख लो कि आर्टिस्ट अव्वल दर्जे के बेवकूफ़ होते हैं। मुझे बहुत तरस आता है उनपर कमबख़्तों की बेवक़ूफ होते हैं। दुनिया भर के मसले हल कर देंगे पर जब किसी औरत से मुठभेड़ होगी तो जनाब ऐसे चक्कर में फंस जाएंगे कि एक गज़ दूर खड़ी औरत तक पहुंचने के लिए पेशावर का टिकट लेंगे और वहा पहुंच कर सोचेंगे वो औरत आंखों से ओझल कैसे हो गई। चौधरी साहब क़िबला, निकालिए अपनी नोट बुक और ये लिख लीजिए कि आप पहले दर्जे के चुग़द हैं।"

चौधरी ख़ामोश रहा और मुझे एक बार फिर महसूस हुआ कि प्रकाश,

चौधरी को आइना बना कर उसमें अपनी शक्ल देख रहा है और खुद को गालियां दे रहा है। मैंने उस से कहा : ''प्रकाश ऐसा लगता है चौधरी के बजाये तुम अपने आपको गालियां दे रहे हो।''

आशा के विपरीत उसने जवाब दिया : ''तुम बिल्कुल ठीक कहते हो, इसलिए कि मैं भी एक आर्टिस्ट हूं। यानी मैं भी। जब दो और दो चार बनते हैं तो खुश नहीं होता। मैं भी क़िबला चौधरी की तरह अमृतसर के कम्पनी बाग में औरत से मिल कर फ्रंटियर मेल से पेशावर जाता हूं और वहां आंखें मल-मल कर सोचता हूं मेरी महबूबा ग़ायब कहां हो गई।'' ये कह कर प्रकाश ख़ूब हंसा। फिर चौधरी साहब से मुख़ातिब हुआ : ''चौधरी साहब क़िबला, हाथ मिलाइये। हम दोनों फिसड्डी घोड़े हैं। इस दौड़ में सिर्फ वही कामयाब होगा जिसके ज़ेहन में सिर्फ़ एक ही चीज़ हो कि उसे दौड़ना है, ये नहीं कि काम और वक्त का सवाल हल करने बैठ जाए। इतने क़दमों में इतना फ़ासला तय होता है तो इतने क़दमों में कितना फ़ासला तय होगा। इश्क़ ज्योमेटरी है न अलजब्रा, बकवास है। चूंकि वक़वास है इसलिए इसमें गिरफ़्तार होने वाले को बकवास ही से मदद लेनी चाहिए।''

चौधरी ने उक्ताए हुए लहजे में कहा : ''क्या बकवास करते हो?''

''तो सुनो!'' प्रकाश जम कर बैठ गया। मैं तुम्हें एक सच्चा वाक़िया सुनाता हूं। मेरा एक दोस्त है, मैं उसका नाम नहीं बताऊंगा। दो बरस हुए वह एक ज़रूरी काम से चम्बा गया। दो रोज़ के बाद लौट कर उसे डल्हौज़ी आना था। इसके फौरन बाद अमृतसर पहुंचना था मगर तीन महीने तक वह लापता रहा। न उसने घर ख़त लिखा न मुझे। जब वापस आया तो उसकी ज़बानी मालूम हुआ कि वो तीन महीने चम्बा में ही था। वहां की एक ख़ूबसूरत लड़की से उसे इश्क़ हो गया था।''

चौधरी ने पूछा : ''नाकाम रहा होगा।''

प्रकाश के होंठों पर मानीख़ेज़ मुस्कुराहट पैदा हुई : ''नहीं, नहीं...वो कामयाब रहा। ज़िन्दगी में उसे एक शानदार तजुर्बा हासिल हुआ। तीन महीने वो चम्बा की सर्दियों में ठिठुरता और उस लड़की से इश्क़ करता रहा। वापस डल्हौज़ी आने वाला था कि पहाड़ की एक पगडंडी पर उस काफिर जमाल हसीना से उसकी मुठभेड़ हुई। तमाम काइनात सिकुड़ कर उस लड़की में समा गई और वो लड़की फैल कर वालिहाना रंग इख़्तियार कर गई। उसको मुहब्बत हो गई थी। क़िबला चौधरी साहब सुनिए। पन्द्रह दिनों तक बिला नाग़ा वो ग़रीब अपनी मुहब्बत को चम्बा की बर्फ़ीली फ़िज़ा में दिल में अन्दर दबाए छुप-छुप

कर दूर से उस लड़की कों देखता रहा मगर उसके पास जाकर उस से हमकलाम होने की हिम्मत न कर सका–हर दिन गुज़रने पर वो सोचता कि दूरी कितनी अच्छी चीज़ है। ऊंची पहाड़ी पर वो बकरियां चरा रही है। नीचे सड़क पर उसका दिल धड़क रहा है। आंखों के सामने ये शायराना मंज़र लाइये और दाद दीजिए। उस पहाड़ी पर आशिक़े सादिक़ खड़ा है। दूसरी पहाड़ी पर उसकी सीमी बदन महबूबा। दर्मियान में कंचन पानी का नाला बह रहा है–सुब्हानअल्लाह कैसा दिलकश मंज़र है, चौधरी साहब क़िबला।''

चौधरी ने टोका : "बकवास मत करो, जो वाक़िया है, उसे बयान करो।"

प्रकाश मुस्कुराया। तो सुनिये–"पन्द्रह दिन तक मेरा दोस्त इश्क़ के ज़बरदस्त हमले के प्रभाव को दूर करने में व्यस्त रहा और सोचता रहा कि उसे जल्दी वापस चला जाना चाहिए। इन पन्द्रह दिनों में उसने काग़ज़ पेंसिल लेकर तो नहीं लेकिन दिमाग़ ही दिमाग़ में उस लड़की से अपनी मुहब्बत का कई बार जाइज़ा लिया। लड़की के जिस्म की हर चीज़ उसे पसन्द थी। लेकिन ये सवाल सामने था कि उसे हासिल कैसे किया जाए। क्या एकदम बिना किसी परिचय के वो उससे बातें करना शुरू कर दे? बिल्कुल नहीं, यह कैसे हो सकता था–क्यों हो कैसे नहीं सकता–मगर फ़र्ज़ कर लिया जाये उसने मुंह फेर लिया। जवाब दिए बिना अपनी बकरियों को हांकती, पास से गुज़र जाये?...जल्दबाज़ी कभी ठीक नहीं होती...लेकिन उससे बात किए बिना उसे हासिल किया जा सकता है? एक तरीक़ा है, वह ये कि उसके दिल में अपनी मुहब्बत पैदा की जाये? उसको अपनी तरफ़ राग़िब किया जाये? हां हां, ठीक है। लेकिन सवाल ये है कि राग़िब कैसे किया जाये...? हाथ से, इशारे से...नहीं।

सो क़िबला चौधरी साहब! हमारा हीरो इन पन्द्रह दिनों में यही सोचता रहा...सोलवहें दिन अचानक बावली पर उस लड़की ने उसकी तरफ देखा और मुस्कुरा दी...हमारे हीरो के दिल की बाछें खिल गईं, लेकिन टांगें कांपने लगीं...आपने अब टांगों के मुताल्लिक़ सोचना शुरू किया। लेकिन जब मुस्कुराहट का ख़्याल आया तो अपनी टांगें अलग कर दीं और उस लड़की की पिंडलियों के मुताल्लिक़ सोचने लगा जो उठी हुई घघरी में से उसे नज़र आई थी। कितनी सुडौल थीं। लेकिन वो दिन दूर नहीं जब वह उन पर बहुत आहिस्ता-आहिस्ता हाथ फेर सकेगा...पन्द्रह दिन और गुज़र गए...इधर वो मुस्कुरा कर पास से गुज़रती रही। उधर हमारे हीरो साहब जवाबी मुस्कुराहट की रिहर्सल करते रहे...सवा महीना हो गया और उनका इश्क़ सिर्फ होंठों पर ही मुस्कुराता रहा। आख़िर एक दिन ख़ुद उस लड़की ही ने ख़ामोशी तोड़ी और

बड़ी अदा से एक सिगरेट मांगा। आपने सारी डिबिया हवाले कर दी और घर आकर सारी रात कपकपाहट पैदा करने वाले सपने देखते रहे। दूसरे दिन एक आदमी को डल्हौजी भेजा और वहां से सिगरेटों के पन्द्रह पैकेट मंगवाकर एक छोटे से लड़के के हाथ अपनी महबूबा को भेजवा दिए। जब उसने अपने झोली में डाले तो आपके दिल को, दूर खड़े बहुत खुशी महसूस हुई। होते-होते वह दिन भी आ गया जब दोनों पास बैठ कर बातें करने लगे। कैसी बातें? क़िबला चौधरी साहब बताइये, हमारा हीरो क्या बातें करता था उससे?''

चौधरी ने उसको उकताए हुए लहजे में जवाब दिया : ''मुझे क्या मालूम।''

प्रकाश मुस्कुराया : ''मुझे मालूम है क़िबला चौधरी साहब–घर से चलते वक़्त वह बातों की एक बहुत लम्बी-चौड़ी सूची तैयार करता था। मैं उससे ये कहूंगा, मैं उससे ये कहूंगा जब वो नाले के पास कपड़े धोती होगी तो मैं आहिस्ता-आहिस्ता जाकर उसकी आंखें मींच लूंगा फिर उसकी बग़लों में गुदगुदी करूंगा लेकिन जब उसके पास पहुंचता और आंखें मीचने और गुदगुदी करने का ख़्याल आता तो उसे शर्म आ जाती–क्या बचपना है–और वह उससे कुछ दूर हट कर बैठ जाता और भेड़ बकरियों की बातें करता रहता--कई दफ़ा उसे ख़्याल आया, कब तक ये भेड़ बकरियां उसकी मुहब्बत चरती रहेंगी–दो महीने से कुछ दिन ऊपर हो गए और अभी तक वह उसके हाथ तक नहीं लगा सका। मगर वो सोचता कि हाथ लगाये कैसे, कोई बहाना तो होना चाहिए। लेकिन फिर उसे ख़्याल आता बहाने से हाथ लगाना बकबास है, लड़की की तरफ से उसे ख़ामोश इजाज़त मिलनी चाहिए कि वो उसके बदन के जिस हिस्से को भी चाहे हाथ लगा सकता है। अब ख़ामोश इजाज़त का सवाल आ जाता–उसे कैसे पता चल सकता है कि उसने ख़ामोश इजाज़त दे दी है–क़िबला चौधरी साहब, यह खोज लगाते-लगाते पन्द्रह दिन और गुज़र गए।''

प्रकाश ने सिगरेट सुलगाया और मुंह से धुआं निकालते हुए कहने लगा : ''इस दौरान में वो काफी घुल मिल गए थे। लेकिन इसका असर हमारे हीरो के हक़ में बहुत बुरा हुआ। बातचीत के दौरान में उसने लड़की से अपने ऊंचे ख़ानदान का कई बार ज़िक्र किया था, अपने बदमाश दोस्तों पर कई बार लानतें भेजी थीं जो पहाड़ी देहातों में जाकर ग़रीब लड़कियों को ख़राब करते थे। कभी दबी ज़बान में, कभी बुलन्द बांग अपनी तारीफ भी की थी। अब वो कैसे उस लड़की पर अपनी ''शहवानी'' इच्छा ज़ाहिर करता। ज़ाहिर था

कि मामला बहुत टेढ़ा और पेचीदा हो गया है। मगर उसका जज़्बा-ए-इश्क़ सलामत था। इसलिए उसे उम्मीद थी कि एक रोज़ लड़की ही अपने आप थाली में डाल कर उसके हवाले कर देगी–इस उम्मीद में चुनांचे कुछ दिन और बीत गए। एक रोज़ कपड़े धोते-धोते लड़की ने जब कि हाथ साबुन से भरे हुए थे, उससे कहा : "तुम्हारी माचिस ख़त्म हो गई है मेरी जेब से निकाल लो–ये जेब ठीक उसकी छाती के उभार के ऊपर थी। हमारा हीरो झेंप गया। लड़की ने कहा :

"निकाल लो न–" थोड़ी सी हिम्मत कर के उसने अपना कांपता हुआ हाथ बढ़ाया और दो उंगलियां बड़ी सावधानी से उसकी जेब में डालीं माचिस बहुत नीचे थी। घबराया। कहीं और न जा टकरायें; चुनांचे बाहर निकाल लीं और अपनी ख़ाली माचिस से तीली निकाल कर सिगरेट सुलगाया और लड़की से कहा : "तुम्हारी जेब से माचिस फिर कभी निकालूंगा।" यह सुनकर लड़की ने शरीर-शरीर नज़रों से उसकी तरफ़ देखा और मुस्कुरा दी। हमारे हीरो ने आधा मैदान मार लिया। दूसरा आधा मारने के लिए वो स्कीमें सोचने लगा। एक दिन सुबह सवेरे नाले के उस तरफ बैठा, दूसरी तरफ़ नदी पर उस लड़की को बकरियां चराते देख रहा था और उसकी उभरी हुई जेब के माल पर ग़ौर कर रहा था कि नीचे सड़क पर बावली के पास एक मोटर लारी रूकी। सिक्ख ड्राइवर ने बाहर निकल कर पानी पिया और उस लड़की की तरफ देखा। मेरे दिल में एक जलन सी पैदा हुई। बावली के मुंडेर पर खड़े होकर उस मोबिल आयल से लिथड़े हुए सिक्ख ड्राइवर ने फिर एक बार उसकी तरफ देखा और अपना ग़लीज़ हाथ उठा कर इशारा किया। मेरे दिल में आया। पास पड़ा हुआ पत्थर उस पर लुढ़का दूं–इशारा करने के बाद उसने दोनों हाथ मुंह के इधर-उधर रख कर निहायत ही भोंडे तरीक़े से पुकारा : "लौ जानी–मैं सदक़े–आऊं?–मेरे तन बदन में आग लग गई–सिक्ख ड्राइवर ने ऊपर चढ़ना शुरू किया। मेरा दिल घुटने लगा। चन्द मिन्टों ही में वो हरामज़ादा उसके पास खड़ा था लेकिन मुझे यक़ीन था कि अगर उसने कोई बदतमीज़ी की तो वो छड़ी से उसकी ऐसी मरम्मत करेगी कि सारी उम्र याद रखेगा–मैं इधर से निगाह हटा कर उस मरम्मत के बारे में सोच रहा था कि एक दम दोनों मेरी आंखों से ओझल हो गए। मैं भागा नीचे, सड़क की तरफ़, बावली के पास पहुंच कर सोचा क्या हिमाक़त है। तशवीश कैसी? लेकिन फिर ख़्याल आया कहीं वो उल्लू का पट्ठा दराज़ दस्ती न कर बैठे, इसलिए पहाड़ी पर तेज़ी से चढ़ना शुरू किया। बड़ी मुश्किल चढ़ाई थी। जगह-जगह ख़ारदार झाड़ियां

थी। उनको पकड़ कर आगे बढ़ना पड़ता था। बहुत दूर ऊपर चला गया लेकिन वो दोनों कहीं नज़र न आए। हांपते-हांपते मैंने अपने सामने की झाड़ी पकड़ कर खड़े होने की कोशिश की—क्या देखता हूं झाड़ी के दूसरे तरफ़ पत्थरों पर वह लड़की लेटी हुई है और उस ग़लीज़ ड्राइवर की दाढ़ी उसके चेहरे पर बिखरी हुई है—मेरे जिस्म के सारे बाल जल गये। एक करोड़ गालियां उन दोनों के लिए मेरे दिल में पैदा हुईं। लेकिन एक लम्हे के लिए सोचा तो महसूस हुआ कि दुनिया का सबसे बड़ा चुग़द मैं हूं।

उसी वक़्त नीचे उतरा और सीधा लारियों के अड्डे का रुख़ किया..."

प्रकाश के माथे पर पसीने की नन्ही-नन्ही बूंदें चमकने लगीं।

जानकी

पूना में रेसों का मौसम शुरू होने वाला था कि पेशावर से अज़ीज़ ने लिखा कि मैं अपनी एक जान-पहचान की औरत जानकी को तुम्हारे पास भेज रहा हूं, इसको या तो पूना में या बम्बई की किसी फिल्म कम्पनी में मुलाज़िम करा दो। तुम्हारी पहचान बहुत है, उम्मीद है तुम्हें ज़्यादा दिक़्क़त नहीं होगी।

वक़्त का तो इतना ज़्यादा सवाल नहीं था। लेकिन मुसीबत यह थी कि मैंने ऐसा काम कभी किया ही नहीं था। फिल्म कम्पनियों में अक्सर वही आदमी औरतें लेकर आते हैं जिन्हें उनकी कमाई खानी होती है। ज़ाहिर है कि मैं बहुत घबराया लेकिन फिर मैंने सोचा अज़ीज़ इतना पुराना दोस्त है, जाने किस यक़ीन के साथ भेजा है, उसको मायूस नहीं करना चाहिए। ये सोच कर भी एक गूना तसल्ली हुई कि औरत के लिए, अगर वो जवान हो, हर फिल्म कम्पनी के दरवाज़े खुले हैं। इतनी तरद्दुद की बात ही किया है, मेरी मदद के बिना ही उसे किसी न किसी फिल्म कम्पनी में जगह मिल जाएगी।

ख़त मिलने के चौथे दिन वो पूना पहुंच गई। कितना लम्बा सफ़र तय कर के आई थी। पेशावर से बम्बई और बम्बई से पूना...प्लेटफार्म पर चूंकि उसको मुझे पहचानना था, इसलिए गाड़ी आने पर मैंने एक सिरे से डिब्बों के पास से गुजरना शुरू किया। मुझे ज़्यादा दूर न चलना पड़ा क्योंकि सेकेण्ड क्लास के डब्बे से एक बिचले क़द की औरत जिसके हाथ में मेरी तस्वीर थी, उतरी। मेरी तरफ़ पीठ कर के वो खड़ी हो गई और ऐड़ियां ऊंची करके मुझे भीड़ में तलाश करने लगी। मैंने क़रीब जाकर कहा, जिसे आप ढूंढ रही हैं वो ग़ालिबन मैं ही हूं।

वो पलटी : "ओह आप" एक नज़र मेरी तस्वीर की तरफ़ देखा और

बेतकल्लुफ़ अंदाज़ में कहा :

"सआदत साहब! सफर बहुत ही लम्बा था। बम्बई में फ्रन्टियर मेल से उतर कर इस गाड़ी के इंतेज़ार में जो वक़्त काटना पड़ा। वो बहुत कठिन था..."

मैंने कहा : "सामान कहां है आपका?"

"लाती हूं।" ये कह कर वो डब्बे के अन्दर दाख़िल हुई। दो सूटकेस और एक बिस्तर निकाला। मैंने कुली बुलवाया। स्टेशन से बाहर निकलते हुए उसने मुझ से कहा : "मैं होटल में ठहरूंगी।"

मैंने स्टेशन के सामने ही उसके लिए एक कमरे का बंदोबस्त कर दिया। उसे नहा-धो कर कें कपड़े बदलने थे और आराम करना था। इसलिए मैंने उसे अपना ऐड्रेस दिया और ये कह कर कि सुबह दस बजे मुझ से मिलें, होटल से चल दिया।

सुबह साढ़े दस बजे वो प्रभात नगर, जहां मैं एक दोस्त के यहां ठहरा हुआ था, आई। जगह तलाश करते हुए उसे देर हो गई थी। मेरा दोस्त इस छोटे से फ्लेट में, जो नया-नया था मौजूद नहीं था। मैं रात देर तक लिखने का काम करने के कारण सुबह देर से जागा था। इसलिए साढ़े दस बजे नहा धोकर चाय पी रहा था कि वह अचानक अन्दर दाख़िल हुई।

प्लेटफार्म पर और होटल में थकावट के बावजूद वह जानदार औरत थी। मगर जूंही वह उस कमरे में जहां मैं सिर्फ बनियान ओर पाजामा पहने चाये पी रहा था दाख़िल हुई तो उसकी तरफ देख कर मुझे ऐसा लगा जैसे कोई बहुत ही परेशान और ख़स्ताहाल औरत मुझ से मिलने आई है।

जब मैंने उसे प्लेटफार्म पर देखा था तो वो ज़िन्दगी से भरपूर थी। लेकिन जब प्रभात नगर के नम्बर ग्यारह फ्लेट में आई तो मुझे महसूस हुआ कि या तो उसने ख़ैरात में अपना दस-पन्द्रह औंस ख़ून दे दिया है या उसका गर्भपात हो गया है।

जैसा कि मैं आप से कह चुका हूं, घर में और कोई मौजूद नहीं था, सिवाये एक बेवक़ूफ़ नौकर के। मेरे दोस्त का घर जिसमे एक फिल्मी कहानी लिखने के लिए मैं ठहरा हुआ था, बिल्कुल सुनसान था और मजीद एक ऐसा नौकर था जिसकी मौजूदगी वीरानी में इज़ाफा करती थी।

मैंने चाय की एक प्याली बनाकर जानकी को दी और कहा : "होटल से आप नाश्ता करके आई होंगी फिर भी शौक़ फरमाइये।

उसने बेचैनी से अपने होंठ काटते हुए चाय की प्याली उठाई और पीने

लगी। उसकी दाहिनी टांग बड़े ज़ोर से हिल रही थी। उसके होंठों की कपकपाहट से मुझे मालूम हुआ कि वो मुझ से कुछ कहना चाहती है लेकिन हिचकिचाती है। मैंने सोचा शायद होटल में रात को किसी मुसाफिर ने उसे छेड़ा है। चुनांचे मैंने कहा : "आपको कोई तकलीफ़ तो नहीं हुई होटल में?"

"जी, जी नहीं!"

मैं ये मुख़्तसर जवाब सुनकर ख़ामोश रहा। चाय ख़त्म हुई मैंने सोचा अब कोई बात करनी चाहिए। चुनांचे मैंने पूछा : "अज़ीज़ साहब कैसे हैं?"

उसने मेरे सवाल का जवाब न दिया। चाय की प्याली तिपाई पर रख कर उठ खड़ी हुई और लफ़्ज़ों को जल्दी-जल्दी अदा करके कहा : "मंटो साहब आप किसी अच्छे डाक्टर को जानते हैं?"

मैंने जवाब दिया : "पूना में तो मैं किसी को नहीं जानता।"

"ओह!"

मैंने पूछा : "क्यों, बीमार हैं आप?"

"जी हां" वो कुर्सी पर बैठ गई।

मैंने पूछा : "क्या तकलीफ़ है?"

उसके तीखे होंठ जो मुस्कुराते वक़्त सिकुड़ जाते थे, खुले। उसने कुछ कहना चाहा लेकिन कह न सकी और उठ खड़ी हुई। फिर मेरा सिगरेट का डिब्बा उठाया और एक सिगरेट सुलगा कर कहा : "माफ़ कीजियेगा, मैं सिगरेट पिया करती हूं।"

मुझे बाद में मालूम हुआ कि वह सिगरेट पिया ही नहीं करती बल्कि फूंका करती थी। बिल्कुल मर्दों की तरह सिगरेट उंगलियों में दबा कर वो ज़ोर-ज़ोर से कश लेती और एक दिन में लगभग पच्छेत्तर सिगरेटों का धुंआ खींचती थी।

मैंने कहा : "आप बताती क्यों नहीं कि आपको तकलीफ़ क्या है?"

उसने कुंवारी लड़कियों की तरह झुंझलाकर अपना एक पांव फ़र्श पर मारा।

"हाय अल्लाह मैं कैसे बताऊं आपको।" ये कह कर वह मुस्कुराई। मुस्कुराते हुए तीखे होंठों की मेहराब में से मुझे उसके दांत नज़र आ गए जो असाधारण रूप से चमकीले थे। वो बैठ गई और मेरी आंखों में अपनी डगमगाती आंखों को न डालने की कोशिश करते हुए उसने कहा : "बात ये है कि पन्द्रह बीस दिन ऊपर गये हैं और मुझे डर है कि..."

पहले तो मैं मतलब न समझा लेकिन जब बोलते-बोलते रुक गई तो मैं

किसी क़द्र समझ गया, "ऐसा अक्सर होता है?"

उसने ज़ोर से कश लिया और मर्दों की तरह धुएं को बाहर निकालते हुए कहा, "नहीं यहां मामला कुछ और है। मुझे डर है कि कहीं कुछ ठहर न गया हो।"

मैंने कहा : "ओह!"

उसने सिगरेट का आख़री कश लेकर उसकी गर्दन चाय की तशतरी में दबाई : "अगर ऐसा हो गया है तो बड़ी मुसीबत होगी। एक बार पेशावर में ऐसी ही गड़बड़ हो गई थी। लेकिन अज़ीज़ साहब अपने एक हकीम दोस्त से ऐसी दवा लाये थे जिससे कुछ दिन ही में सब साफ हो गया था।

मैंने पूछा : "आपको बच्चे पसंद नहीं?"

वह मुस्कुराई : "पसंद हैं...लेकिन कौन पालता फिरे।"

मैंने कहा : "आपको मालूम है इस तरह बच्चे ज़ाया करना जुर्म है।"

वह एकदम गंभीर हो गई...फिर उसने हैरत भरे स्वर में कहा : "मुझ से अज़ीज़ साहब ने भी यही कहा था। लेकिन सआदत साहब में पूछती हूं इसमें जुर्म की कौन सी बात है। अपनी ही तो चीज़ है। और इन क़ानून बनाने वालों को ये भी मालूम है कि बच्चा ज़ाया कराते हुए कितनी तकलीफ़ होती है।'

मैं ज़ोर से हंस पड़ा : "अजीबो-ग़रीब औरत हो तुम जानकी!"

जानकी ने भी हंसना शुरू किया : "अज़ीज़ साहब भी यह कहा करते हैं।"

हंसते हुए उसकी आंखों में आंसू आ गये। मेरा मुशाहिदा है जो आदमी पुर ख़ुलूस हो, हंसते हुए उनकी आंखों में आंसू ज़रूर आ जाते हैं। उसने अपना बैग खोल कर रूमाल निकाला और आंखें ख़ुश्क कर के भोले बच्चों के अंदाज़ में पूछा-"सआदत साहब! बताइये, क्या मेरी बातें दिलचस्प होती हैं?"

मैंने कहा : "बहुत।"

"झूठ!"

"इसका सुबूत?"

उसने सिगरेट सुलगाना शुरू कर दिया : "भई शायद ऐसा हुआ हो। मैं तो इतना जानती हूं कि कुछ-कुछ बेवक़ूफ हूं। ज़्यादा खाती हूं, ज़्यादा बोलती हूं, ज़्यादा हंसती हूं। अब आप ही देखिये न, ज़्यादा खाने से मेरा पेट कितना बढ़ गया है। अज़ीज़ साहब हमेशा कहते रहे जानकी कम खया करो पर मैंने

उनकी एक न सुनी। सआदत साहब बात ये है कि मैं कम खाऊं तो हर वक़्त ऐसा लगता है कि मैं किसी से कोई बात कहना भूल गई हूं।''

उसने फिर हंसना शुरू किया। मैं भी उसके साथ शरीक हो गया।

उसकी हंसी बिल्कुल अलग क़िस्म की थी। बीच-बीच में घुंघरू से बजते थे।

फिर वो गर्भपात के बारे में बातें करने ही वाली थी कि मेरा दोस्त, जिसके यहां मैं ठहरा हुआ था, आ गया। मैंने जानकी से उसका परिचय कराया और बताया कि वो फिल्म लाइन में आने का शौक़ रखती हैं। मेरा दोस्त उसे स्टूडियो ले गया, क्योंकि उसको यक़ीन था, कि वो डायरेक्टर जिसके साथ वो बहैसियत असिस्टेंट के काम कर रहा था, अपनी नई फ़िल्म में जानकी को एक ख़ास रोल के लिए ज़रूर ले लेगा।

पूना में जितने स्टूडियो थे, मैंने अलग-अलग लोगों से जानकी के लिए कोशिश की, किसी ने उसका साउंड टेस्ट लिया, किसी ने कैमरा टेस्ट। एक फिल्म कम्पनी में उसको तरह-तरह के लिबास पहना कर देखा गया, मगर नतीजा कुछ न निकला। एक तो जानकी वैसे ही दिन ऊपर चढ़ जाने के कारण परेशान थी। चार-पांच दिन लगातार जब उसे अलग-अलग फिल्म कम्पनियों के उकता देने वाले माहौल में बेनतीजा गुज़ारने पड़े तो वो और ज़्यादा परेशान हो गई।

गर्भपात के लिए वो हर रोज़ बीस-बीस ग्राम कूनैन खाती थी। इससे भी उसकी तबीयत पर गिरानी सी रहती थी। अज़ीज़ साहब के दिन पेशावर में उसके बिना कैसे गुज़रते हैं, इसके बारे में भी उसको हर वक्त फिक्र रहती थी। पूना पहुंचते ही उसने एक तार भेजा था। उसके बाद वो रोज़ एक ख़त लिखती रही थी। हर ख़त में ये ताकीद होती थी कि वो अपनी सेहत का ख़्याल रखें और दवा बाक़ायदगी के साथ पीते रहें।

अज़ीज़ साहब को क्या बीमारी थी, इसका मुझे इल्म नहीं। लेकिन जानकी से मुझे इतनी जानकारी मिली कि अज़ीज़ साहब को चूंकि उससे मुहब्बत है, इसलिए वो फौरन उसका कहा मान लेते हैं। घर में कई बार बीवी से उसका झगड़ा हुआ कि वो दवा नहीं पीते लेकिन जानकी से इस मामले में उहोंने कभी चूं भी न की।

शुरू-शुरू में मेरा ख़्याल था कि जानकी अज़ीज़ के बारे में जो इतनी फिक्रमंद रहती है, केवल बकवास है, बनावट है। लेकिन आहिस्ता-आहिस्ता मैंने उसकी बेतकल्लुफ़ बातों से महसूस किया कि उसे हक़ीक़तन अज़ीज़ का

ख़्याल है। उसका जब भी ख़त आया, जानकी पढ़ कर ज़रूर रोई।

फिल्म कम्पनियों के चक्कर का कोई नतीजा नहीं निकला। लेकिन एक दिन जानकी को यह मालूम कर के बहुत खुशी हुई कि उसका अंदेशा ग़लत था। दिन वाक़ई ऊपर हो गये थे लेकिन वो बात जिसका उसे खटका था, नहीं थी।

जानकी को पूना आए बीस दिन हो चले थे। अज़ीज़ को वो ख़त पर ख़त लिखती रही थी। उसकी तरफ़ से भी लम्बे-लम्बे मुहब्बत नामे आते थे। एक ख़त में अज़ीज़ ने मुझ से कहा था कि पूना में अगर जानकी के लिए कुछ नहीं होता तो मैं बम्बई में कोशिश करूं। क्योंकि वहां अनगिनत स्टूडियो हैं। बात माकूल थी लेकिन मैं स्क्रिप्ट लिखने में व्यस्त था, इसलिए जानकी के साथ बम्बई जाना मुश्किल था, लेकिन मैंने पूना से अपने दोस्त सईद का जो एक फिल्म में हीरो का पार्ट अदा कर रहा था, टेलीफोन किया। इत्तेफाक़ से वो उस समय स्टूडियो में मौजूद न था। आफिस में नारायण खड़ा था; उसे जब मालूम हुआ कि मैं पूना से बोल रहा हूं तो टेलीफोन ले लिया और ज़ोर से चिल्लाया : "हैलो, मंटो...नारायण स्पीकिंग फ्राम दिस इंड...कहो, बात क्या है। सईद इस वक़्त स्टूडियो में नहीं है। घर में बैठा रज़िया से आख़िरी हिसाब किताब कर रहा हूं।

मैंने पूछा "क्या मतलब?"

नारायण ने उधर से जवाब दिया, खटपट हो गई है उनमें। रज़िया ने एक और आदमी से टांका मिला लिया है।

मैंने कहा : "लेकिन ये हिसाब किताब कैसा हो रहा है?"

नारायण बोला : "बड़ा कमीना है यार, सईद...उससे कपड़े ले रहे हैं जो उसने ख़रीद कर दिए थे।"

"बात यह है कि पेशावर से मेरे एक अज़ीज़ ने एक औरत यहां भेजी है जिसे फिल्मों में काम करने का शौक है।"

जानकी मेरे पास ही खड़ी थी। मुझे एहसास हुआ कि मैंने उचित शब्दों में अपना मुद्दा बयान नहीं किया।

मैं सुधार करने ही वाला था कि नारायण की तेज़ आवाज़ कानों के अन्दर घुसी। "औरत! पेशावर की औरत। ख़ूब। बेजो उसको जल्दी। ख़ू हम भी क़सूर का पठान है। मैंने कहा : "बकवास न करो नारायण सुनो। कल दक्कन कुईन से मैं इन्हे बम्बई भेज रहा हूं। सईद या तुम कोई भी इसे स्टेशन पर लेने आ जाना, कल दक्कन कुईन से। याद रहे।"

नारायण की आवाज़ आई : "लेकिन हम इसे पहचानेंगे कैसे?" मैंने जवाब दिया। "वो खुद तुम्हें पहचान लेगी...लेकिन देखो कोशिश कर के इसे किसी न किसी जगह ज़रूर रखवा देना।"

तीन मिनट गुज़र गए। मैंने टेलीफोन बन्द किया और जानकी से कहा : "कल दक्कन कुईन से तुम बम्बई चली जाना। सईद और नारायण दोनों की तस्वीरें दिखाता हूं। लम्बे तड़ंगे ख़ूबसूरत जवान हैं। तुम्हें पहचानने में दिक़्क़त नहीं होगी।"

मैंने अल्बम में जानकी को सईद और नारायण के कई फोटो दिखाये। देर तक वह इन्हें देखती रही। मैंने नोट किया कि सईद का फोटो उसने ज़्यादा ग़ौर से देखा। अल्बम एक तरफ रखकर मेरी आंखों में आंखें न डालने की डगमगाती कोशिश करते हुए, उसने मुझ से पूछा : "दोनों कैसे आदमी हैं?"

"क्या मतलब?"

"मतलब यह कि दोनों कैसे आदमी हैं—मैंने सुना है कि फिल्मों में अक्सर आदमी बुरे होते हैं।"

उसके लहजे में एक टोह लेने वाली संजीदगी थी।

मैंने कहा : "यह तो दुरूस्त है लेकिन फिल्मों में नेक आदमियों की ज़रूरत ही कहां होती है!"

"क्यों?"

"दुनिया में दो क़िस्म के इंसान हैं। एक क़िस्म उन इंसानों की है जो अपने ज़ख़्मों से दर्द का अंदाज़ा करते हैं। दूसरी क़िस्म उनकी है जो दूसरों के ज़ख़्म देख कर दर्द का अंदाज़ा करते हैं। तुम्हारा ख़्याल क्या है, कौन से क़िस्म के इंसान ज़ख़्म के दर्द और उसकी तह की जलन को सही तौर पर महसूस करते हैं।"

उसने कुछ देर सोचने के बाद जवाब दिया : "वो जिनके ज़ख़्म लगे होते हैं।" मैंने कहा : "बिल्कुल दुरुस्त। फिल्मों में असल की अच्छी नक़ल वही उतार सकता है जिसे असल की जानकारी हो। नाकाम मुहब्बत में दिल कैसे टूटता है, ये नाकाम मुहब्बत को अच्छी तरह बता सकता है। वह औरत जो पांच वक़्त जा-नमाज़ बिछा कर नमाज़ पढ़ती हो और इश्को-मुहब्बत को ग़लत समझती है, कैमरे के सामने किसी मर्द के साथ इज़्हारे-मुहब्बत क्या ख़ाक करेगी।"

उसने फिर सोचा : "इसका मतलब यह हुआ कि फिल्म लाइन में दाख़िल होने से पहले औरत को सब चीज़ें जाननी चाहिए।"

मैंने कहा : "यह ज़रूरी नहीं। फिल्म लाइन में आकर भी वो चीज़ें जान सकती हैं उसने मेरी बात पर ग़ौर न किया और जो पहला सवाल किया था, फिर उसे दोहराया :

"सईद साहब और नारायण साहब कैसे आदमी हैं?"

"तुम तफ़्सील से पूछना चाहती हो?"

"तफ़्सील से आपका क्या मतलब?"

"यह कि दोनों में से आपके लिए कौन बेहतर रहेगा।"

जानकी को मेरी यह बात नागवार गुज़री :

"कैसी बातें करते हैं आप?"

"जैसी तुम चाहती हो।"

"हटाइये भी।" यह कह कर वो मुस्कुराई : "मैं अब आप से कुछ नहीं पूछूंगी।" मैंने मुस्कुराते हुए कहा : "जब पूछोगी तो मैं नारायण की सिफ़ारिश करूंगा।"

"क्यों?"

"इसलिए कि वो सईद के मुक़ाबले में अच्छा इंसान है।"

मेरा अब भी यही ख़्याल है। सईद शायर है। एक बहुत बेरहम क़िस्म का शायर। मुर्ग़ी पकड़ेगा तो ज़बह करने की बजाये उसकी गर्दन मरोड़ेगा। गर्दन मरोड़ कर उसके पंख नोचेगा। पर नोचने के बाद उसकी यख़नी निकालेगा। यख़नी पीकर और हड्डियां चबा कर वो बड़े आराम और सुकून से एक कोने में बैठ कर उस मुर्ग़ी की मौत पर एक नज़्म लिखेगा जो उसके आंसुओं में भीगी होगी।

शराब पियेगा तो कभी बहकेगा नहीं। मुझे इससे बहुत तकलीफ़ होती है। क्योंकि शराब का मतलब ही फौत हो जाता है। सुबह बहुत आहिस्ता-आहिस्ता बिस्तर पर से उठेगा। नौकर चाय की प्याली बनाकर लायेगा। अगर रात की बची हुई रम सरहाने पड़ी है तो उसे चाय में उंडेल लेगा और इस मिक्सचर को एक-एक घोंट करके ऐसे पियेगा जैसे उसमें ज़ायक़े की कोई हिस ही नहीं।

बदन पर कोई फोड़ा निकला है। ख़तरनाक शक्ल इख़्तियार कर गया है, मगर मजाल है जो वो उसकी तरफ ध्यान दे। पीप निकल रही है, गल सड़ गया है, नासूर बनने का ख़तरा है, लेकिन सईद कभी किसी डॉक्टर के पास नहीं जायेगा। आप उससे कुछ कहेंगे तो ये जवाब मिलेगा। अक्सर बीमारियों के समय यह इंसान के शरीर का अंश हो जाता है। जब मुझे यह

ज़ख़्म तकलीफ़ नहीं देता तो इलाज की क्या ज़रूरत है।" और ये कहते हुए वो ज़ख़्म की तरफ इस तरह देखेगा जैसे कोई अच्छा शेर नज़र आ गया है।

एक्टिंग वह सारी उम्र नहीं कर सकेगा, इसलिए कि वो लतीफ़ जज़्बात से क़रीब-क़रीब आरी है। मैंने उसे एक फिल्म में देखा जो हीरोईन के गानों के कारण बहुत मक़बूल हुई थी। एक जगह उसे अपनी महबूबा का हाथ अपने हाथ में लेकर मुहब्बत का इज़हार करना था। खुदा की क़सम उसने हीरोइन का हाथ कुछ उस तरह अपने हाथ में लिया जैसे कुत्ते का पंजा पकड़ा जाता है। मैं उससे कई बार कह चुका हूं। ऐक्टर बनने का ख़्याल अपने दिमाग़ से निकाल दो, अच्छे शायर हो, घर बैठो और नज़्में लिखा करो। मगर उसके दिमाग़ पर अभी तक ऐक्टिंग का भूत सवार है।

नारायण मुझे बहुत पसंद है। स्टूडियो की ज़िन्दगी के जो उसूल उसने अपने लिए बना रखे हैं, मुझे अच्छे लगे।

...ऐक्टर जब तक ऐक्टर है, उसे शादी नहीं करनी चाहिये। शादी कर ले तो फौरन फिल्म को तलाक़ देकर दूध दही की दुकान खोल ले। अगर मशहूर ऐक्टर रहा है तो काफ़ी आमदनी हो जाया करेगी।

...कोई ऐक्ट्रेस तुम्हें भैया या भाई साहब कहे तो फौरन उसके कान में कहो, आपकी अंगिया का साइज़ क्या है।

...किसी ऐक्ट्रेस पर अगर तुम्हारी तबियत आ गई है तो तम्हीदें बांधने में समय बरबाद न करो। उससे अकेले में मिलो और कहो कि मैं भी मुंह में जबान रखता हूं, इसका यक़ीन न आये तो पूरी जीभ बाहर निकाल कर दिखा दो।

...अगर कोई एक्ट्रेस तुम्हारे हिस्से में आ जाये तो उसकी आमदनी में से एक पैसा भी न लो। एक्ट्रेसों के पतियों और भाइयों के लिए ये पैसा हलाल है।

...इस बात का ख़्याल रखना कि ऐक्ट्रेस के गर्भ से तुम्हारी कोई औलाद न हो। स्वराज मिलने के बाद अल्बत्ता तुम उसकी औलाद पैदा कर सकते हो।

...याद रखो कि ऐक्टर की भी 'आक़बत' होती है। उसे रेज़र और कंघी से संवारने के बजाये कभी-कभी ग़ैर मुहज़्ज़ब तरीक़े से भी संवारने की कोशिश किया करो, मिसाल के तौर पर कोई नेक काम कर के।

...स्टूडियो में सब से ज़्यादा आदर पठान चौकीदार का करो। सुबह स्टूडियो में आते वक़्त उसे सलाम करने से फ़ायदा होगा। यहां नहीं तो दूसरी दुनिया में, जहां फिल्म कम्पनियां नहीं होंगी।

...शराब और ऐक्ट्रेस की आदत हर्गिज़ न डालो। बहुत मुम्किन है किसी

रोज़ कांग्रेस गवर्नमेंट लहर में आकर ये दोनों चीज़ें अवैध क़रार देदे।

...सौदागर, मुसलमान सौदागर हो सकता है। लेकिन ऐक्टर हिन्दू एक्टर, या मुस्लिम ऐक्टर नहीं हो सकता।

...झूठ न बोलो।

ये सब "नारायण के दस एहकाम" के शीर्षक के नीचे उसने अपनी एक नोट बुक में लिख रखी हैं जिनसे उसके कैरेक्टर का बख़ूबी अंदाज़ा हो सकता है। लोग कहते हैं कि वह इन सब पर अमल नहीं करता। मगर ये हक़ीक़त नहीं। सईद और नारायण के मुताल्लिक़ जो मेरे विचार थे, मैंने जानकी के पूछे बिना इशारतन बता दिये और आख़िर में उससे साफ शब्दों में कह दिया कि अगर तुम इस लाइन में आ गईं तो किसी न किसी मर्द का सहारा तुम्हें लेना पड़ेगा। नारायण के मुताल्लिक़ मेरा ख़्याल है कि अच्छा दोस्त साबित होगा।

मेरा मशवरा उसने सुन लिया और बम्बई चली गई। दूसरे दिन ख़ुश-ख़ुश वापस आई क्योंकि नारायण ने अपने स्टूडियो में एक साल के लिए पांच सौ रुपये माहवार पर उसे मुलाज़िम करा दिया था। ये मुलाज़िमत उसे कैसे मिली, देर तक उसके मुताल्लिक़ बातें हुईं। जब और कुछ सुनने को न रहा तो मैंने उससे पूछ : "सईद और नारायण, दोनों से तुम्हारी मुलाक़ात हुई, इनमें से किसने तुमको ज़्यादा पंसद किया?"

जानकी के होंठों पर हल्की मुस्कुराहट पैदा हुई। लग़ज़िश भरी निगाहों से मुझे देखते हुए उसने कहा : "सईद साहब!" ये कह कर वह एकदम संजीदा हो गई "सआदत साहब आपने क्यों इतने पुल बांधे थे, नारायण की तारीफ़ों के?"

मैंने पूछा : "क्यों?"

"बड़ा ही वाहियात आदमी है। शाम को बाहर कुर्सियां बिछाकर सईद साहब और वो शराब पीने के लिए बैठे तो बातों-बातों में मैंने नारायण भैया कहा। अपना मुंह मेरे कान के पास लाकर पूछा : "तुम्हारी अंगिया का साइज़ क्या है।"

"भगवान जानता है मेरे तन बदन में तो आग ही लग गई। कैसा लचर आदमी है।" जानकी के माथे पर पसीना आ गया।

मैं ज़ोर-ज़ोर से हंसने लगा।

उसने तेज़ी से कहा : "आप क्यों हंस रहे हैं?"

"उसकी बेवक़ूफी पर!" ये कह कर मैंने हंसना बंद कर दिया।

थोड़ी देर नारायण को बुरा-भला कहने के बाद जानकी ने अज़ीज़ के मुताल्लिक़ फिक्रमंद लहजे में बातें शुरू कर दीं। कई दिनों से उसका ख़त नहीं आया था, इसलिए तरह-तरह के ख़्याल उसे सता रहे थे। कहीं उन्हें फिर जुकाम न हो गया हो। अंधा-धुंध साइकिल चलाते हैं, कहीं हादसा ही न हो गया हो। पूना ही न आ रहे हो, क्योंकि जानकी को रुख़्सत करते वक़्त उन्होंने कहा था एक रोज़ मैं चुपचाप तुम्हारे पास चला आऊंगा।

बातें करने के बाद जब उसका तरद्दुद कम हुआ तो उसने अज़ीज़ की तारीफें शुरू कर दीं। घर में बच्चों का बहुत ख़्याल रखते हैं। हर रोज़ सुबह उनको वर्जिश कराते हैं और नहला-धुलाकर स्कूल छोड़ने जाते हैं। बीवी बिल्कुल फूहड़ है, इसलिए रिश्तादारों से सारा रख रखाव खुद उन्ही को करना पड़ता है। एक बार जानकी को टायफॉयड हो गया था तो बीस दिन तक लगातार नर्सों की तरह उसकी देख-रेख करते रहे।

दूसरे दिन मुनासिब शब्दों में मेरा शुक्रिया अदा करने के बाद वो बम्बई चली गई। जहां उसके लिए एक नई और चमकीली दुनिया के दरवाज़े खुल गये थे।

पूना में मुझे लगभग दो महीने कहानी की स्क्रिप्ट तैयार करने में लगे। अपना परिश्रमिक वसूल करके मैंने बम्बई का रुख किया जहां मुझे एक नया कांट्रेक्ट मिल रहा था। मैं सुबह पांच बजे के क़रीब अंधेरी पहुंचा जहां एक मामूली बंगले में सईद और नारायण, दोनों इकट्ठे रहते थे। बरामदे में दाखिल हुआ तो दरवाज़ा बन्द पाया। मैंने सोचा सो रहे होंगे, तकलीफ नहीं देना चाहिए। पिछली तरफ एक दरवाज़ा है। जो नौकरों के लिए अक्सर खुला रहता है, मैं उसमें से अन्दर दाख़िल हुआ। रसोई और साथ वाला कमरा जिसमें खाना खाया जाता है, रोज़ाना की तरह बेहद गन्दे थे। सामने वाला कमरा मेहमानों के लिए ख़ास था। मैंने उसका दरवाज़ा खोला और अन्दर दाखिल हुआ। कमरे में दो पलंग थे। एक पर सईद और उसके साथ कोई और लिहाफ़ ओढ़े सो रहा था।

मुझे सख़्त नींद आ रही थी। दूसरें पलंग पर मैं कपड़े उतारे बिना लेट गया। पांयती पर कमबल पड़ा था, ये मैंने टांगों पर डाल लिया। सोने का इरादा ही कर रहा था कि सईद के पीछेसे एक चूड़ियों वाला हाथ निकला और पलंग के पास रखी हुई कुर्सी की तरफ़ बढ़ने लगा। कुर्सी पर लट्ठे की सफेद शलवार लटक रही थी।

मैं उठ कर बैठ गया। सईद के साथ जानकी लेटी थी। मैंने कुर्सी पर से

शलवार उठाई और उसकी तरफ़ फेंक दी।

नारायण के कमरे में जाकर मैंने उसे जगाया। रात के दो बजे उसकी शूटिंग ख़त्म हुई थी, मुझे अफ़्सोस हुआ कि ख़ामख़ाह उस ग़रीब को जगाया। लेकिन वो मुझ से बातें करना चाहता था। किसी ख़ास विषय पर नहीं। मुझे अचानक देख कर बक़ौल उसके वो कुछ बेहूदा बकवास करना चाहता था; चुनांचे सुबह नौ बजे तक हम बेहूदा बकवास में मशगूल रहे जिसमें बार-बार जानकी का भी ज़िक्र आया।

जब मैंने अंगिया वाली बात छेड़ी तो नारायण बहुत हंसा। हंसते-हंसते उसने कहा सबसे मज़ेदार बात तो ये है कि जब मैंने उसके कान के साथ मुंह लगा कर पूछा, तुम्हारी अंगिया का साइज किया है, तो उसने कहा : ''चौबीस''

इसके बाद अचानक उसे मेरे सवाल के बेहूदगी का एहसास हुआ। और मुझे कोसना शुरू कर दिया। बिल्कुल बच्ची है। जब कभी मुझ से मुठभेड़ होती है तो सीने पर दुपट्टा रख लेती है। लेकिन मंटो। बड़ी वफ़ादार औरत है।

मैंने पूछा : ''ये तुमने कैसे जाना?''

नारायण मुस्कुराया : ''औरत, जो एक बिल्कुल अजनबी आदमी को अपनी अंगिया का सही साइज़ बता दे, धोखे बाज़ हर्गिज़ नहीं हो सकती।''

अजीबो-ग़रीब तर्क था। लेकिन नारायण ने मुझे बड़ी संजीदगी से यक़ीन दिलाया कि जानकी बड़ी पुरख़ुलूस औरत है। उसने कहा : ''मंटो तुम्हें मालूम नहीं सईद की कितनी ख़िदमत कर रही है। ऐसे इंसान की ख़बरगीरी जो परले दर्जे का बे-परवा हो आसान काम नहीं। लेकिन मैं ये जानता हूं कि जानकी इस मुश्किल को बड़ी आसानी से निभा रही है। औरत होने के साथ-साथ वो एक पुरख़ुलूस और ईमानदार आया भी है। सुबह उठकर उस गधे को जगाने में आधा घंटा बर्बाद करती है। उसके दांत साफ कराती है, कपड़े पहनाती है, नाश्ता कराती है। और रात को जब वो रम पी कर बिस्तर पर लेटता है तो सब दरवाज़े बन्द करके उसके साथ लेट जाती है। और जब स्टूडियो में किसी से मिलती है तो सिर्फ सईद की बातें करती है। सईद साहब बड़े अच्छे आदमी हैं। सईद साहब बहुत अच्छा गाते हैं। सईद साहब का वज़न बढ़ गया है। सईद साहब का पुल ओवर तैयार हो गया है। सईद साहब के लिए पेशावर से 'पोठोमारी सैंडल' मंगवाई है।

सईद साहब के सर में हल्का-हल्का दर्द है। एस्प्रो लेने जा रही हूं। सईद

साहब ने आज मुझ पर एक शेर कहा। और जब मुझ से मुठभेड़ होती है तो अंगिया वाली बात करके त्योरी चढ़ा लेती है।

मैं लगभग दस दिन सईद और नारायण का मेहमान रहा। इस दौरान में सईद ने जानकी के मुताल्लिक मुझ से कोई बात नहीं की। शायद इसलिए कि उनका मामला काफी पुराना हो चुका है। जानकी से अलबत्ता काफी बातें हुईं। वो सईद से बहुत खुश थी लेकिन उसे उसकी बेपर्वाह तबीयत की बहुत शिकायत थी। "सआदत साहब! अपनी सेहत का बिल्कुल ख़्याल ही नहीं रखते। बहुत बेपर्वाह हैं। हर वक़्त सोचना, जो हुआ इसलिए किसी बात का कोई ख़्याल ही नहीं रहता। मुझे हर रोज़ पूछना पड़ता है कि आप सण्डास गये थे या नहीं।"

नारायण ने मुझ से जो कुछ कहा था, ठीक निकला। जानकी हर वक़्त सईद की ख़बर में लगी रहती थी। मैं दस दिन अंधेरी के बंगले में रहा। उन दस दिनों में जानकी की ख़िदमत ने मुझे बहुत प्रभावित किया। लेकिन ये ख़्याल बार-बार आता रहा कि अज़ीज़ को क्या हुआ। जानकी को उसका भी तो बहुत ख़्याल रहता है। क्या सईद को पाकर उसको भूल चुकी थी।

मैंने इस सवाल का जवाब जानकी ही से पूछ लिया होता अगर मैं कुछ दिन और वहां ठहरता। जिस कम्पनी से मेरा कंट्रैक्ट होने वाला था, उसके मालिक से मेरी किसी बात पर बकझक हो गई और मैं दिमागी परेशानी दूर करने के लिए पूना चला गया। दो ही दिन बीते होंगे कि बम्बई से अज़ीज़ का तार आया कि मैं आ रहा हूं।

पांच-छ : घंटे के बाद वो मेरे पास था। और सुबह सवेरे जानकी मेरे कमरे पर दस्तक दे रही थी।

अज़ीज़ और जानकी जब एक दूसरे से मिले तो उन्होंने देर से बिछड़े हुए आशिक़-माशूक़ की सरगर्मी ज़ाहिर न की। मेरे और अज़ीज़ के ताल्लुक़ात शुरू से बहुत संजीदा रहे हैं, शायद इसी वजह से दोनों ख़ामोश रहे।

अज़ीज़ का ख़्याल था होटल में ठहरा जाये। लेकिन मेरा दोस्त जिसके यहां मैं ठहरा था, आउट डोर शूटिंग के लिए कोल्हापूर गया हुआ था, इसलिए मैंने अज़ीज़ और जानकी को अपने पास ही रखा। तीन कमरे थे। एक में जानकी सो सकती थी दूसरे में अज़ीज़। यों तो इन दोनों को एक ही कमरा देना चाहिए था लेकिन अज़ीज़ से मेरी इतनी बेतकल्लुफ़ी नहीं थी। इसके इलावा उसने जानकी से अपने ताल्लुक़ को मुझ पर ज़ाहिर भी न किया था।

रात को दोनों सिनेमा देखने चले गये। मैं साथ न गया। इसलिए कि मैं

फ़िल्म के लिए नई कहानी शुरू करना चाहता था। दो बजे तक मैं जागता रहा। इसके बाद मैं सो गया। एक चाभी मैंने अज़ीज़ को दे दी थी। इसलिए मुझे उनकी तरफ़ से इत्मीनान था।

रात को चाहे मैं बहुत देर तक काम करूं, साढ़े तीन और चार बजे के दर्मियान एक बार ज़रूर जागता हूं और उठ कर पानी पीता हूं। हस्बे आदत उस रात को भी मैं पानी पीने के लिए उठा। इत्तेफ़ाक़ से जो कमरा मेरा था, यानी जिसमें मैंने अपना बिस्तर जमाया हुआ था, अज़ीज़ के पास था, और उसमें मेरी सुराही पड़ी थी।

अगर मुझे शिद्दत की प्यास न लगी होती तो अज़ीज़ को तकलीफ़ न देता। लेकिन ज़्यादा व्हिस्की पीने के कारण मेरा हलक़ बिल्कुल ख़ुश्क हो रहा था। इसलिए मुझे दस्तक देनी पड़ी। थोड़ी देर बाद दरवाज़ा खुला। जानकी ने आंखें मलते दरवाज़ा खोला और कहा : ''सईद साहब!'' और जब मुझे देखा तो एक हल्की सी ''ओह'' उसके मुंह से निकल गई।

अन्दर के पलंग पर अज़ीज़ सो रहा था। मैं बे इख़्तियार मुस्कुराया। जानकी भी मुस्कुराई और उसके तीखे होंठ एक कोने की तरफ़ सिकुड़ गए। मैंने पानी की सुराही ली और चला आया।

सुबह उठा तो कमरे में धुआं जमा था। बावर्ची ख़ाने में जाकर देखा तो जानकी कागज़ जला-जला कर अज़ीज़ के नहाने के लिए पानी गर्म कर रही थी। आंखों से पानी बह रहा था। मुझे देख कर मुस्कुराई और अंगीठी में फूंकें मारती हुई कहने लगी : ''अज़ीज़ साहब ठण्डे पानी से नहायें तो उन्हें जुकाम हो जाता है। मैं नहीं थी पेशावर में तो एक महीना बीमार रहे, और रहते भी क्यों नहीं, जब दवा पानी ही छोड़ दी थी...आपने देखा नहीं कितने दुबले हो गये हैं।

और अज़ीज़ नहा-धोकर जब किसी काम की गर्ज़ से बाहर गया तो जानकी ने मुझ से सईद के नाम तार लिखने के लिए कहा : ''मुझे कल यहां पहुंचते ही उन्हें तार भेजना चाहिए था। कितनी ग़लती हुई मुझ से, उन्हें बहुत तश्वीश हो रही होगी।''

उसने मुझ से तार का मज़मून बनाया जिसमें अपनी बख़ैरियत पहुंचने की इत्तला तो दी थी लेकिन सईद की खैरियत दर्याफ़्त करने की बेचैनी ज़्यादा थी। इंजेक्शन लगावाने की ताकीद भी थी।

चार दिन बीत गए। सईद को जानकी ने पांच तार भेजे लेकिन उसकी तरफ़ से कोई जवाब न आया। बम्बई जाने का इरादा कर रही थी कि अचानक

शाम को अज़ीज़ की तबीयत ख़राब हो गई। मुझ से सईद के नाम एक और तार लिखवा कर वो सारी रात अज़ीज़ की तीमारदारी में मसरूफ़ रही। मामूली बुख़ार था। लेकिन जानकी को बेहद तशवीश थी। मेरा ख़्याल है इस तशवीश में सईद की ख़ामोशी पैदा की हुई वो बेचैनी भी शामिल थी। वो मुझ से इस दौरान में कई बार कह चुकी-थी : "सआदत साहब मेरा ख़्याल है सईद साहब ज़रूर बीमार हैं। वर्ना वो मुझे मेरे तारों और खुतूत का जवाब ज़रूर लिखते।

पांचवी रोज़ शाम को अज़ीज़ की मौजूदगी में सईद का तार आया जिसमें लिखा था मैं बहुत बीमार हूं फौरन चली आओ। तार आने से पहले जानकी मेरी किसी बात पर हंस रही थी। लेकिन जब उसने सईद की बीमारी की ख़बर सुनी तो एकदम ख़ामोश हो गई।

अज़ीज़ को ये ख़ामोशी बहुत नागवार मालूम हुई क्योंकि जब उसने जानकी को मुख़ातिब किया तो उसके लहजे में तेज़ी थी। मैं उठ कर चला गया।

शाम को जब वापस आया तो जानकी और अज़ीज़ कुछ इस तरह अलग-अलग बैठे थे जैसे उनमें काफी झगड़ा हो चुका था। जानकी के गालों पर आंसुओं का मैल था, जब मैं कमरे में दाख़िल हुआ तो इधर-उधर की बातों के बाद जानकी ने अपना हैंड बैग उठाया और अज़ीज़ से कहा : "मैं जाती हूं, लेकिन बहुत जल्द वापस आ जाऊंगी।" फिर मुझ से मुख़ातिब हुई : "सआदत साहब इनका ख़्याल रखिये, अभी तक बुख़ार दूर नहीं हुआ।"

मैं स्टेशन तक उसके साथ गया। ब्लैक मार्केट से टिकट खरीद कर उसे गाड़ी पर बैठाया और घर चला आया। अज़ीज़ को हल्का-हल्का बुख़ार था। हम दोनों देर तक बातें करते रहे लेकिन जानकी का जिक्र न आया।

तीसरे दिन सुबह साढ़े पांच बजे के क़रीब मुझे बाहर का दरवाज़ा खुलने की आवाज़ आई। इसके बाद जानकी की। शब्दों को ऊपर तले करती हुई वो अज़ीज़ से पूछ रही थी कि उसकी तबीयत अब कैसी है। और क्या उसकी अनुपस्थिति में उसने बाक़ायदा दवा पी थी या नहीं। अज़ीज़ की आवाज़ मेरे कानों तक न पहुंची लेकिन आधे घण्टे बाद जबकि नींद से मेरी आंखें मूंद रही थीं, अज़ीज़ की गुस्से भरी बातों का दबा-दबा शोर सुनाई दिया। समझ में तो कुछ न आया लेकिन इतना पता चल गया कि वो जानकी से अपनी नाराज़गी का इज़हार कर रहा था।

सुबह दस बजे अज़ीज़ ने ठण्डे पानी से नहाया और जानकी का गर्म किया हुआ पानी वैसे ही गुस्लख़ाने में पड़ा रहा। जब मैंने जानकी से इस बात

का ज़िक्र किया तो उसकी आंखों में आंसू आ गये।

नहा-धोकर अज़ीज़ बाहर चला गया। जानकी कमरे में पलंग पर लेटी रही। तीसरे पहर को तीन बजे के लगभग जब मैं उसके पास गया तो मालूम हुआ कि उसे बहुत तेज़ बुख़ार है। डॉक्टर बुलाने के लिए बाहर निकला तो अज़ीज़ तांगे में सामान रखवा रहा था।

मैंने पूछा कहां जा रहे हो तो उसने मेरे साथ हाथ मिलाया और कहा, बम्बई! इंशाअल्लाह फिर मुलाक़ात होगी।

ये कहकर वो इक्के में बैठा और चला गया। मुझे ये बताने का मौक़ा ही न मिला कि जानकी को बहुत तेज़ बुख़ार है।

डॉक्टर ने जानकी को अच्छी तरह देखा और मुझे बताया कि उसे ब्रांकाइटिस है, अगर इहतियात न बरती तो निमोनिया होने का ख़तरा है। डॉक्टर नुस्ख़ा देकर चला गया तो जानकी ने अज़ीज़ के बारे में पूछा। पहले तो मैंने सोचा कि उसे न बताऊं लेकिन छिपाने से फ़ायदा नहीं था, इसलिए मैंने कह दिया कि चला गया। ये सुन कर उसे बहुत सदमा हुआ। देर तक वो तकिये में सर देकर रोती रही।

दूसरे दिन सुबह ग्यारह बजे के लगभग जबकि जानकी की बुख़ार एक डिग्री हल्का था और तबीयत भी किसी क़द्र दुरूस्त थी, बम्बई से सईद का तार आया जिसमें बड़े सख़्त शब्दों में ये लिखा था : "याद रहे कि तुमने अपना वायदा पूरा नहीं किया" मैं बहुत मना करता रहा लेकिन वो तेज़ बुख़ार में पूना एक्सप्रेस से मुम्बई चली गई।

पांच-छ : दिनों के बाद नारायण का तार आया "एक ज़रूरी काम है, फौरन बम्बई चले आओ।" मेरा ख़्याल था कि किसी प्रोड्यूसर से उसने मेरे कन्ट्रेक्ट की बात की होगी, लेकिन बम्बई पहुंच कर मालूम हुआ कि जानकी की हालत बहुत नाजुक है। ब्रांकाइटिस बिगड़ कर निमोनिया में बदल गया था। इसके इलावा जबके पूना से बम्बई पहुंची थी तो अंधेरी जाने के लिए चलती ट्रेन में चढ़ने की कोशिश करते हुए गिर पड़ी थी। जिसके कारण उसकी दोनों रानें बहुत बुरी तरह छिल गई थी।

जानकी ने इस शारीरिक पीड़ा को बहुत बहादुरी से बर्दाश्त किया। लेकिन जब वो अंधेरी पहुंची और सईद ने उसके बंधे हुए सामान की तरफ़ इशारा करके कहा : "मेहरबानी करके यहां से चली जाओ" तो उसे बहुत रूहानी तकलीफ़ हुई। नारायण ने मुझे बताया : "सईद के मुंह से ये बर्फ़ जैसे ठण्डे लफ़्ज सुन कर वो एक क्षण के लिए बिल्कुल पत्थर हो गई। मेरा ख़्याल है

उसने थोड़ी देर के बाद ये ज़रूर सोचा होगा। मैं गाड़ी के नीचे आकर क्यों न मर गई। सआदत तुम कुछ भी कहो मगर सईद औरतों से जैसा सुलूक करता है, बहुत ही ना-मुनासिब है। बेचारी को बुख़ार था। चलती रेल से गिर पड़ी थी। और वो भी इस गधे की ज़ात के पास जल्दी पहुंचने के लिए। लेकिन उसने इन बातों का ख़्याल ही न किया और एक बार फिर उससे कहा। मेहरबानी कर के यहां से चली जाओ। उसके स्वर में मंटो किसी जज़्बे का इज़्हार नहीं था। बस ऐसा था जैसे टाइप मशीन से अख़बार की एक लाइन ढल कर बाहर निकल आए। मुझे बहुत दुख हुआ, चुनांचे मैं वहां से उठ कर चला गया। शाम को जब वापस आया तो जानकी मौजूद नहीं थी लेकिन सईद पलंग पर बैठा, रम का ग्लास सामने रखे एक नज़्म लिखने में मसरूफ़ था।

मैंने उससे कोई बात न की और अपने कमरे में चला गया। दूसरे रोज़ स्टूडियो से मालूम हुआ कि जानकी एक एक्स्ट्रा लड़की के घर ख़तरनाक हालत में पड़ी है। मैंने स्टूडियो के मालिक से बात की और उसे अस्पताल भिजवा दिया। कल से वहीं है, बताओ अब क्या किया जाये। मैं तो उसे देखने जा नहीं सकता इसलिए कि वह मुझ से नफ़रत करती है–तुम जाओ और देख कर आओ किस हालत में है।

मैं अस्पताल गया तो उसने सब से पहले अज़ीज़ और सईद के मुताल्लिक़ पूछा : "जो सुलूक उन दोनों ने उसके साथ किया था, इसके बाद उसके पुरखुलूस बर्ताव ने मुझे बहुत प्रभावित किया।

उसकी हालत नाज़ुक थी। डाक्टरों ने मुझे बताया कि दोनों फेफड़ों पर वर्म है और जान का ख़तरा है। लेकिन मुझे हैरत है कि जानकी इतनी बड़ी तकलीफ़ मर्दानावार बर्दाश्त कर रही थी।

अस्पताल से लौटा और स्टूडियो में नारायण को तलाश किया तो मालूम हुआ वो सुबह ही से ग़ायब है। शाम को जब वो घर वापस आया तो उसने मुझे तीन छोटी-छोटी शीशियां दिखाईं जिनका मुंह रबड़ से बन्द था जानते हो ये क्या है?"

मैंने कहा मालूम नहीं : "इंजेक्शन लगते हैं।"

नारायण मुस्कुराया : "इंजेक्शन ही हैं लेकिन पेंसिलीन के।"

मुझे सख़्त हैरत हुई क्योंकि पेंसिलीन उस वक़्त बहुत ही थोड़ी मात्रा में तैयार होती थी। अमेरिका और इंगलिस्तान में जितनी बनती है, थोड़ी-थोड़ी मिलिटरी अस्पतालों में बाट दी जाती थी। चुनांचे मैंने नारायण से पूछा : "ये तो बिल्कुल नायाब चीज़ है, तुम्हें कैसे मिल गई?"

उसने मुस्कुरा कर जवाब दिया : ''बचपन से घर की तिजोरी खोल कर रुपये चुराना मेरे बाएं हाथ का काम था। आज दायें हाथ से मिलिटरी हॉस्पीटल का रेफ्रीजरेटर खोल कर मैंने ये तीन बल्ब चुराये हैं...चलो जल्दी करो जानकी को अस्पताल से होटल ले चलें।''

टैक्सी लेकर मैं अस्पताल गया और जानकी को उस होटल में ले गया जिसमें नारायण दो कमरों का पहले ही बंदोबस्त कर चुका था।

जानकी ने मुझ से कई बार कमज़ोर आवाज़ में पूछा कि मैं उसे होटल में क्यों लाया हूं। हर बार मैंने यही जवाब दिया : ''तुम्हें मालूम हो जायेगा।''

और जब उसे मालूम हुआ। यानी जब नारायण सिरिंज हाथ में लिए उसे टीका लगाने के लिए उस कमरे में आया तो नफ़रत से एक तरफ़ उसने मुंह फेर लिया और मुझ से कहा : ''सआदत साहब इससे कहिए चला जाये यहां से।''

नारायण मुस्कुराया : ''जानेमन गुस्सा थूक दो। यहां तुम्हारी जान का सवाल है।'' जानकी को तैश आ गया। कमज़ोरी के बावजूद उठ कर बैठ गई। सआदत साहब! मैं जाती हूं यहां से या आप इस हरामख़ोर को निकालिए बाहर।''

नारायण ने धक्का देकर उसे उल्टा दिया और मुस्कुराते हुए कहा :

''ये हरामज़ादा तुम्हें इंजेक्शन लगा कर ही रहेगा। ख़बरदार जो तुमने विरोधा किया।'' ये कहकर उसने एक हाथ से मज़बूती के साथ जानकी का बाज़ू पकड़ा, सिरिंज मुझे देकर उसने स्प्रिट में रूई भिगोई और उसका डनड़ साफ किया। इसके बाद रूई मुझे देकर उसने सिरिंज की सूई उसके बाज़ू की मछली में दाख़िल कर दी। वो चीख़ी, लेकिन पेंसिलीन उसके जिस्म में जा चुकी थी।

जब नारायण ने जानकी का बाज़ू अपनी मज़बूत गिरफ़्त से अलग किया तो उसने रोना शुरू कर दिया। नारायण ने इसकी बिल्कुल पर्वाह न की और स्प्रिट लगी रूई से इंजेक्शन वाला हिस्सा पोंछ कर दूसरे कमरे में चला गया।

पहला इंजेक्शन रात के नौ बजे दिया था। दूसरा तीन घंटे बाद देना था। नारायण ने मुझे बताया अगर तीन के साढ़े तीन घंटे हो गये तो पेंसिलीन का असर बिल्कुल ख़त्म हो जाएगा; चुनांचे वो जागता रहा। लगभग साढ़े ग्यारह बजे उसने स्टोव जलाया, सिरिंज उबाली और उसमें दवा भरी।

जानकी खरखराहट भरे सांस ले रही थी। आंखें बंद थीं। नारायण ने दूसरे बाज़ू को स्प्रीट से साफ़ किया और सिरिंज की सूई अंदर खुबो दी। जानकी

के होंठों से पतली सी चीख़ निकली। नारायण ने दवा जिस्म के अन्दर भेज कर सूई बाहर निकाली और स्प्रीट से इंजेक्शन वाली जगह साफ़ करते हुए मुझ से कहा : "अब तीसरा तीन बजे।"

मुझे मालूम नहीं उसने तीसरा इंजेक्शन कब दिया। लेकिन जब जागा तो स्टोव जलने की आवाज़ आ रही थी और नारायण होटल के बैरे से बर्फ़ के लिए कह रहा था क्योंकि उसे पेंसिलीन को ठण्डा रखना था।

नौ बजे पांचवां इंजेक्शन देने के लिए जब हम दोनों जानकी के कमरे में गये तो वो आंखें खोले लेटी थी। उसने नफ़रत भरी निगाहों से नारायण की तरफ़ देखा, लेकिन मुंह से कुछ न कहा। नारायण मुस्कुराया : "क्यों जानेमन! क्या हाल है।"

जानकी ख़ामोश रही।

नारायण उसके पास खड़ा हो गया। "ये इंजेक्शन जो मैं तुम्हें दे रहा हूं, इश्क़ के इंजेक्शन नहीं। तुम्हारा निमोनिया दूर करने के इंजेक्शन हैं जो मैंने मिलिटरी होस्पीटल से बड़ी सफ़ाई के साथ चुराये हैं...लो, अब ज़रा उल्टी लेट जाओ और कूल्हे पर शलवार को ज़रा नीचे खिसका दो...कभी लिया है यहां इंजेक्शन?"

जब उसने करवट बदली तो नारायण ने कहा : "शाबाश!"

इससे पहले कि जानकी कोई विरोध करती नारायण ने एक हाथ से उसकी शलवार नीचे खिसकाई और मुझ से कहा : "स्प्रीट लगाओ।"

जानकी ने टांगें चलाना शुरू कीं तो नारायण ने कहा : "जानकी टांगें-वांगें मत चलाओ...मैं इंजेक्शन लगा के रहूंगा।

पांचवां इंजेक्शन दे दिया गया। पन्द्रह और बाक़ी थे जो नारायण को हर तीन घंटे के बाद देने थे। और यह पैंतालिस घंटे का काम था।

पांच इंजेक्शन से जैसे जानकी को बज़ाहिर कोई ख़ास फायदा नहीं पहुंचा था। लेकिन नारायण को पेंसिलीन के असर का यक़ीन था और उसे पूरी-पूरी उम्मीद थी कि वो बच जायेगी। हम दोनों बहुत देर तक उसे नई दवा के मुताल्लिक़ बातें करते रहें। ग्यारह बजे के क़रीब नारायण का नौकर मेरे नाम एक तार लेकर आया। जो पूना से था। एक फिल्म कम्पनी ने मुझे फौरन बुलाया था इसलिए मुझे जाना पड़ा।

दस पन्द्रह दिनों के बाद कम्पनी ही के काम से मैं बम्बई आया। काम ख़त्म कर के जब मैं अंधेरी पहुंचा तो सईद से मालूम हुआ कि नारायण अभी तक होटल ही में है। होटल बहुत दूर शहर में था। इसलिए रात में वहीं अंधेरी

में रहा।

सुबह आठ बजे वहां पहुंचा तो नारायण के कमरे का दरवाज़ा खुला था। अन्दर दाख़िल हुआ तो कमरा ख़ाली पाया। दूसरे कमरे का दरवाज़ा खोला तो एकदम आंखों के सामने कुछ हुआ। जानकी मुझे देखते ही लिहाफ़ के अन्दर घुस गई। और नारायण ने जो उसके साथ लेटा था, मुझे वापस जाते देख कर कहा :

"आओ मंटो, आओ...मैं हमेशा दरवाज़ा बन्द करना भूल जाता हूं...आओ यार....बैठो इस कुर्सी पर, लेकिन ये ज़ानकी की शलवार दे देना।"

मूत्री

कांग्रेस हॉल और जिन्नाह हॉल से थोड़ी ही दूरी पर एक पेशाबघर है जिसे बम्बई में ''मूत्री'' कहते हैं। आस पास के मुहल्लों की सारी गन्दगी इस दुर्गेन्ध भरी कोठरी के बाहर 'ढेरियों' की सूरत में पड़ी रहती है। इतनी बदबू होती है कि लोगों को नाक पर रूमाल रख कर बाज़ार से गुज़रना पड़ता है।

इस मूत्री में एक बार उसे मजबूरी में जाना पड़ा—पेशाब करने के लिए नाक पर रूमाल रख कर। सांस बन्द करके। वह बदबू की इस जगह में दाखिल हुआ। फर्श पर गन्दगी बुलबुले बन कर फट रही थी—दीवारों पर भयंकर तस्वीरें बनी थीं—सामने कोयले के साथ किसी ने यह शब्द लिखे हुए थे।

''मुसलमानों की बहन का पाकिस्तान मारा।''

इस शब्द ने दुर्गन्ध की तेज़ी और भी ज्यादा कर दी। वह जल्दी-जल्दी बाहर निकल आया।

जिन्नाह हॉल और कांग्रेस हॉल दोनों पर गवर्नमेंट का कब्ज़ा है। लेकिन थोड़ी ही दूरी पर जो मूत्री है। इसी तरह आजाद है। अपनी गन्दगियों और बदबुओं को फैलाने के लिए—आसपास का कूड़ा करकट अब कुछ ज़्यादा ही 'ढेरियों' की सूरत में बाहर पड़ा दिखाई देता है।

एक दिन फिर उसे मजबूरन उस मूत्री में जाना पड़ा। ज़ाहिर है कि पेशाब करने के लिए नाक पर रूमाल रख कर सांस बन्द करके वह इस बदबूदार घर में दाख़िल हुआ—फर्श पर पतले पाखाने की पेड़ियां जम रही थीं। दीवारों पर इन्सानों की और पैदा करने वाले की संख्या में बढ़ोतरी हो गई थी—''मुसलमानों की बहन का पाकिस्तान मारा'' के नीचे किसी ने मोटी पेन्सिल से यह घिनौने

शब्द लिख दिए थे।

"हिन्दुओं की मां का अखण्ड हिन्दुस्तान मारा"

इस लिखावट ने मूत्री की बदबू में एक तेज़ाबी हलचल पैदा कर दी–वह जल्दी-जल्दी बाहर निकल आया।

महात्मा गांधी की बिना शर्त रिहाई हुई। जिन्नाह की पंजाब में हार हुई। जिन्नाह हॉल और कांग्रेस हाऊस दोनों की हार हुई न रिहाई। इन पर गवर्नमेंट का और उसके थोड़े ही दूरी पर जो मूत्री है बदबू का कब्ज़ा जारी रहा–आसपास के मुहल्लों का कूड़ा-करकट अब एक ढेर की सूरत में बाहर पड़ा रहता है।

तीसरी बार फिर उसे इस मूत्री में जाना पड़ा–पेशाब करने के लिए नहीं–नाक पर रूमाल रखकर सांस बन्द करके वह गन्दगीयों की इस कोठरी में दाख़िल हुआ–फर्श पर कीड़े चल रहे थे। दीवारों पर इन्सान की शर्मनाक हिस्सों की चित्रकारी करने के लिए अब कोई जगह बाक़ी नहीं रही थी। "मुसलमानों की बहन का पाकिस्तान मारा" और "हिन्दुओं की मां का अखण्ड हिन्दुस्तान मारा" के शब्द धीमे पड गए थे। मगर इनके नीचे सफेद चाक से लिखे हुए यह शब्द उभर रहे थे।

"दोनों की मां का हिन्दुस्तान मारा"

इन शब्दों ने एक क्षण के लिए मूत्री की बदबू गायब कर दी–वह जब धीरे-धीरे बाहर निकला तो उसे यूं लगा कि बदबू के इस घर में एक बेनाम सी महक आई थी। केवल एक क्षण के लिए।

❏❏❏